高校德育的传承与创新研究

陈建伟 著

北京工业大学出版社

图书在版编目（CIP）数据

高校德育的传承与创新研究 / 陈建伟著. — 北京：北京工业大学出版社，2021.12（2022.10 重印）

ISBN 978-7-5639-8210-3

Ⅰ．①高… Ⅱ．①陈… Ⅲ．①高等学校－德育－研究－中国 Ⅳ．① G641

中国版本图书馆 CIP 数据核字（2021）第 261016 号

高校德育的传承与创新研究
GAOXIAO DEYU DE CHUANCHENG YU CHUANGXIN YANJIU

著　　者：	陈建伟
责任编辑：	张　娇
封面设计：	知更壹点
出版发行：	北京工业大学出版社
	（北京市朝阳区平乐园 100 号　邮编：100124）
	010-67391722（传真）　　bgdcbs@sina.com
经销单位：	全国各地新华书店
承印单位：	三河市元兴印务有限公司
开　　本：	710 毫米 ×1000 毫米　1/16
印　　张：	10.5
字　　数：	210 千字
版　　次：	2021 年 12 月第 1 版
印　　次：	2022 年 10 月第 2 次印刷
标准书号：	ISBN 978-7-5639-8210-3
定　　价：	60.00 元

版权所有　翻印必究

（如发现印装质量问题，请寄本社发行部调换 010-67391106）

作者简介

陈建伟，男，汉族，生于1977年12月，国家二级心理咨询师、国家二级就业指导师。硕士毕业于华中师范大学思想政治教育专业，2019年在武汉大学马克思主义学院攻读思想政治教育专业博士学位。现任职于浙江师范大学行知学院，主要从事党建和大学生思想政治教育工作。有15年辅导员工作经历，对高校学生德育工作有较为深入的研究，曾主持参与国家和省部级项目近10项，在《中国教育报》等报刊公开发表学术论文10余篇，主编教材2部，参编教育部《高校德育创新与发展成果选编》丛书。

前　言

新时代新使命，高校德育要以习近平新时代中国特色社会主义思想为指导，全面贯彻党的教育方针，坚持社会主义办学方向，落实立德树人的根本任务，努力培养担当民族复兴大任的时代新人，培养德智体美劳全面发展的社会主义建设者和接班人。高校德育要面对新形势，迎接新挑战，寻求新路径，达到新境界；探索"怎样培养人"，做到育人思维创新、育人内容创新、育人环境创新，培养学生知行合一的能力，实现铸魂育人的教育宗旨。

全书共七章。第一章为绪论，主要阐述了高校德育的含义与地位、高校德育的目标与特点、高校德育面临的机遇与挑战、高校德育创新发展的着力点、高校德育的重构与转型探索等内容；第二章为高校德育发展的历史回顾，主要阐述了高校德育的发展历程回顾和高校德育发展的复杂背景等内容；第三章为高校德育发展的现状审思，主要阐述了高校德育发展的主要成果、高校德育发展的现实困境、高校德育发展的制约因素等内容；第四章为高校德育理念的传承与创新，主要阐述了高校德育理念的历史反思、创新理论指导下的高校德育创新、以人为本高校德育理念的创新建构等内容；第五章为高校德育方法的传承与创新，主要阐述了高校德育方法的基本理论、高校德育方法创新的原则、高校德育方法创新的基本路径等内容；第六章为高校德育内容的传承与创新，主要阐述了高校德育内容的基本理论、高校德育内容创新的原则、高校德育内容创新的基本路径等内容；第七章为实现高校德育现代化的路径选择，主要阐述了高校德育现代化的理论进路与实践出口、高校德育现代化实践体系构建的基本原则、高校德育现代化实践体系的宏观建构、高校德育现代化实践体系构建的微观路径等内容。

为了确保研究内容的丰富性和多样性，作者在写作本书过程中参考了大量理论与研究文献，在此向涉及的专家、学者表示衷心的感谢。

最后，限于作者水平，本书难免存在一些不足，在此，恳请同行专家和读者朋友批评指正！

目　　录

第一章　绪论 ·· 1
　　第一节　高校德育的含义与地位 ··· 1
　　第二节　高校德育的目标与特点 ··· 7
　　第三节　高校德育面临的机遇与挑战 ·· 8
　　第四节　高校德育创新发展的着力点 ······································· 13
　　第五节　高校德育的重构与转型探索 ······································· 21

第二章　高校德育发展的历史回顾 ·· 27
　　第一节　高校德育的发展历程回顾 ··· 27
　　第二节　高校德育发展的复杂背景 ··· 35

第三章　高校德育发展的现状审思 ·· 47
　　第一节　高校德育发展的主要成果 ··· 47
　　第二节　高校德育发展的现实困境 ··· 50
　　第三节　高校德育发展的制约因素 ··· 59

第四章　高校德育理念的传承与创新 ·· 65
　　第一节　高校德育理念的历史反思 ··· 65
　　第二节　创新理论指导下的高校德育创新 ··································· 72
　　第三节　以人为本高校德育理念的创新建构 ································· 77

第五章　高校德育方法的传承与创新 ·· 87
　　第一节　高校德育方法的基本理论 ··· 87
　　第二节　高校德育方法创新的原则 ··· 90

第三节　高校德育方法创新的基本路径 …………………… 92

第六章　高校德育内容的传承与创新 ………………………… 110
　　第一节　高校德育内容的基本理论 …………………………… 110
　　第二节　高校德育内容创新的原则 …………………………… 123
　　第三节　高校德育内容创新的基本路径 ……………………… 124

第七章　实现高校德育现代化的路径选择 …………………… 128
　　第一节　高校德育现代化的理论进路与实践出口 …………… 128
　　第二节　高校德育现代化实践体系构建的基本原则 ………… 130
　　第三节　高校德育现代化实践体系的宏观建构 ……………… 135
　　第四节　高校德育现代化实践体系构建的微观路径 ………… 138

参考文献 ………………………………………………………… 158

第一章 绪论

中国特色社会主义进入新时代，对高校德育也提出了新的要求。我们应以目前高校德育为基础，分析新时代高校德育发展的机遇及困境，并且针对这种困境提出相应的解决对策，积极发挥学生的主观能动性，将德育内化为个人的价值观标准。本章分为高校德育的含义与地位、高校德育的目标与特点、高校德育面临的机遇与挑战、高校德育创新发展的着力点、高校德育的重构与转型探索五部分。主要内容包括高校德育的含义、高校德育的地位、高校德育的目标、高校德育的新特点、新时代德育的价值诉求等方面。

第一节 高校德育的含义与地位

一、高校德育的含义

德育，从字面意义可以直观理解为道德教育，它是培养一个人道德素质的教育。德育对象是个体，但德育的开展不仅仅有利于个体获得更美好的生活，还有利于社会良好秩序与道德风俗的形成。人是具有社会属性的动物，人类社会的发展离不开道德规范的约束。人类之所以能够长期和谐生活在一起，创建一个稳定的生活环境，道德起到了很重要的作用。任何国家要发展，都必须重视道德建设，具体到教育领域就是德育。德育更注重引导学生正确建构精神世界与价值观，让学生从内心深处认可德育理念。随着时代的发展，德育教学模式也需要持续改进，以获得更好的德育效果。

德育在我国现代教育体系中有着独特的地位，德育对于一个人的成长有着基础性作用。一个人具有良好的道德，对于社会发展便更有促进价值。世界上大多数国家都有德育课程，虽然具体内容不同，但都是为了培养有良好道德素养的公民。

德育内涵丰富，既包含个人品德，也有社会公德方面的内容。德育内涵也会随着社会的变化而逐渐丰富，因此德育应与时俱进，将新的德育内涵纳入德育体系，从而更好地推动德育工作的开展。

整体来说，德育内涵是不断丰富、深化的。随着社会的发展，德育会剔除掉不适应时代发展的内涵，并发展和纳入新的内涵，从而培养出更符合时代价值观的新人。我国当代德育教学在内涵上是丰富的，也呈现出体系化特征。在个人道德方面，要求个人能够建立正确的人生观、价值观与世界观，懂礼貌，拥有较好的道德品质等；在社会公德方面，要求能够为社会发展考虑，遵纪守法，并且敢于维护社会正义等。当代德育内涵能够通过具体行为细节体现出来，因此除了从理论层面对德育教学进行研究外，还要从实践行为层面进行引导。

为了取得更好的德育效果，德育教学模式需要持续改进。传统德育教学模式大都采用思想教育与训导的方式，对学生提出严格的德育要求。此外，德育教学的主阵地在课堂，学生较少参与社会实践。随着社会的发展，当代学生思想更加独立，个性更加明显，若是依旧采用传统德育模式，则很容易引发学生的抵触情绪，从而难以达到预期效果。现代德育应考虑学生的喜好，运用学生所熟悉的题材与方式来开展德育教学。当代学生喜欢上网，愿意在网络世界中遨游；当代学生热衷表达，希望自己的建议得到重视。基于此，学校可以选择某些社会热点事件作为德育教学内容与题材，利用互联网平台来开展德育讨论。对学生来说，他们对通过辩论与思考所获取的德育认知，认同程度更高。除此之外，当代德育教学还应注重实践教学，如想要培养学生热爱科学的精神、为社会主义事业奋斗的爱国情怀，在课堂上单纯讲述不如带着学生去参观博物馆，认识科技给祖国带来的强大，让学生心底感到自豪，从而更加爱科学、爱祖国。

对于个人发展与社会发展而言，德育都是重要内容。一个具备良好个人品德与社会公德的人，更有可能成长为合格公民。在德育教学中，不仅要注重德育内涵式发展，更要改进教学模式，取得更佳的德育效果。

二、高校德育的地位

（一）德育优先是五育并举的前提和基础

教育是一项系统工程，从教育理论的逻辑体系看，教育目的在于使人成人，在于培养全面发展的人，在于促进人自身的和谐发展，在于培养道德向善、自觉寻求科学真理、身心健康、投身于劳动实践、具有一定审美的幸福的、完满的人，简言之，就是培养全面发展的人。系统论主张全面的观点，认为事物各个组成部分之间相互协调、相互整合，整体功能的作用大于各部分功能的简单相加。如果把人的全面发展教育看作一个系统工程，德育、智育、体育、美育、劳育分属于其中的子系统，它们只有各自发挥特有的教育力量，从不同维度教育人、培养人，并且各个方面相互作用、相互协调、相互渗透，才能实现培养全面发展之人的教育目标。

但在教育实践中，"五育"合力的发挥必须以德育优先为前提和基础。首先，德育优先为"五育"并举提供思想资源，通过涵养积极健康、向上向善的个体思想人格为教育合力的发挥筑牢思想基础。离开德育优先的前提，教育就难以培养具有高素养的国民。其次，德育优先为"五育"并举建构普遍的价值规范体系，为教育合力的发挥提供导向力基础。在系统教育中，德育为其他"四育"奠定价值规范基础。最后，德育优先为"五育"合力的发挥提供"自我生成式"的持久性力量，使人在综合教育中源源不断地激发精神动力，走向人的全面发展。由此，德育优先是保障"五育"并举的整体性、系统性与协同性功能发挥的前提性条件。

（二）德育优先是教育目的和任务的根本要求

古往今来，人才都是富国之本、兴邦大计。面对百年未有之大变局，"立德树人"深刻回答了新时代教育培养什么人、怎样培养人的根本问题，是我党对教育事业经验的总结与内涵的进一步深化，为新时代我国教育事业发展指明了方向。党的十八大报告首次正式提出"把立德树人作为教育的根本任务"，随后，习近平总书记多次强调，教育的立身之本在于立德树人，要坚持把立德树人作为教育工作的中心环节。2019年，中共中央办公厅、国务院办公厅印发《加快推进教育现代化实施方案（2018—2022年）》，其中把实施新时代立德树人工程列为推进教育现代化的重点任务之首。《新时代公民道德建设实施纲要》中也强调，学校是公民道德建设的重要阵地，要把立德树人贯穿学校教育全过程。

从关系层面看，立德树人是教育的根本任务，"立德"和"树人"在理论和实践上皆是不可分割的联合结构，蕴含对教育的总体性关切。"立德"与"树人"二者之间呈现递进关系，"立德"是教育的根本，是"树人"的首位价值选择，要求在教育过程中以德育为先；"树人"是教育的核心，"树人"必须建立在"立德"的基础之上，才能保证人才培养的方向。"立德"与"树人"的关系问题在教育内部逻辑结构中表现为"德育优先"和"五育并举"的关系问题，直指教育应当培养什么人以及怎样培养人的核心议题，要实现培养德智体美劳全面发展的社会主义建设者和接班人的教育目标，首先就要把德育摆在优先地位。教育根本任务中的以立德为根本就是要在教育内部逻辑中将"德育优先"作为逻辑起点，让学生通过教育学会用马克思主义的立场和观点武装头脑，以社会主义核心价值观为引领，传承中华民族传统美德和践行当代美德，涵养社会公德、职业道德、家庭美德和个人品德，并最终以社会道德实践为落脚点。在此基础上，通过五育并举的人才培养进行"树人"，培养大批德才兼备，具有理性精神、德性品格和共产主义信仰的社会主义事业的劳动者和建设者，实现培育时代新人的教育目标。

从教育本体维度来看，德育优先是对思想政治工作规律、教书育人规律、学生成长规律的深刻把握和对立德树人教育根本任务的充分认识。培养时代新人就是要培养德智体美劳全面发展的社会主义事业的建设者和接班人，这是新时代教育的根本任务，充分体现了社会主义经济、政治、文化对社会主义人才培养的全面要求。其中，单独将五育中的"德"置入"立德树人"这一对教育目标的概括性表述之中，充分彰显了"德"在治国理政中的价值引领，"立德"事关社会主义办学方向和学校立身之本。在德育之维，培育时代新人的教育目标内蕴"大德""公德""私德"三者合一的精神实质。在本体维度上，新时代立德树人的教育使命和立德树人的教育目标首先要求受教育者以德育为先，树立崇高的理想信念，立信仰之"大德"。立德树人，"立德"为先，首先要坚持将马克思主义作为占主导地位的意识形态，它反映了中国社会的发展规律和最广大人民的根本利益和要求，传道授业首先就是传马克思主义、共产主义信仰之"道"。没有理想信念，精神上就会缺钙，这直接关系到社会主义事业的兴衰成败。因此，立德树人最重要的使命就是要以德育为先，加强理想信念教育，使学生树立正确的世界观、人生观和价值观，自觉担负起时代赋予的历史使命。

（三）德育内容引导他育的方向和价值指向

教育内容是根据一定社会发展的需要，针对教育对象的生理、心理发展实际，经教育者选择和设计后有计划、有目的、有步骤地输送给教育对象的带有引导性和教育性的内容。德智体美劳教育各有特点，共同构成了相互联系、相互作用的具有提高受教育对象各项素质等功能的教育内容体系。

具体来看，德育是对人们进行思想政治和道德品质方面的教育，规定了人之为人应当遵循的行为准则或规范。相对于智育、美育，德育包括培养学生的思想品质、政治品质和道德品质，甚至还应当包括法制教育、心理教育等内容，包含引导人求真、求善、求美的价值意蕴。在我国，德育主要以社会主义核心价值体系为基本遵循，以培养四有新人为目标。智育是人的全面发展教育的基础环节，它包含对知识的认知以及智力的发展两个方面，智育的过程是使人认识世界和改造世界的重要手段。美育即审美的培养，是美感教育、情操教育的统一体，它重在引导人们对美进行感知和鉴赏，并按照美的规律改造世界。体育是以人的身体活动为载体而展开的活动，采用了跑、跳、走、投各种形式，包括田径、球类、游泳等各类运动，它帮助人们在体育锻炼中增强体魄，享受运动的快乐，锤炼意志。人类社会的历史首先是生产发展的历史，劳动教育也是培养全面发展的人的主要内容之一。

其中，德育内容在整个教育内容系统中处于支配地位，是教育内容的根本体现，它决定了教育内容的性质和方向，是一定社会价值体系传播的重要途径，也是个体学习道德规范，德性养成的重要依据。从"五育"各要素教育内容之间看，德育内容渗透于学校教育教学的全过程和受教育者日常生活的各个方面，渗透在智育、体育、美育和劳动教育之中，其他各育的教育内容的设计都离不开德育所规定的性质和方向，都离不开与德育因素的融合，智育内容中渗透着前人的道德力量和思想政治因素，体育内容中渗透着拼搏精神和体育道德的德育因子，美育中渗透着德育所要求的正确的审美观，劳动教育中渗透着德育所引导的正确的劳动观点、群众观点和劳动习惯。因此，在"五育"各方面的教育内容中，都体现了德育内容的主导性与渗透性。

三、开展高校德育的必要性

（一）有利于大学生更好地适应大学生活

利用新媒体平台对大学生进行德育，有利于大学生实现从高中到大学的过渡，从而更好地适应大学生活。大学生涯是人生发展阶段的一个重要转折点，它不仅仅是一个跳板、一个机遇，还会使大学生经受更多方面的考验。由于大学生成长经历的不同，他们在从高中到大学的过渡期更需要接受德育，这有利于大学生不断提高自身道德素养，完成大学期间的各项发展任务，成为对社会发展有用且德才兼备的高质量人才。通过新媒体开展德育实践活动，有助于大学生弘扬中华优秀传统文化。利用新媒体对大学生进行德育，有助于他们加强对有关人生和社会问题的思考，明白自身在社会主义精神文明建设过程中所承担的重要责任。大学生只有通过不断学习与弘扬中华优秀传统文化，真正实现自己的人生价值，才能不断推动中国特色社会主义文化建设，促进国家的文化繁荣。

（二）有利于大学生树立正确的世界观、人生观、价值观

利用新媒体对大学生进行德育是提高大学生道德修养的基础，通过德育，学生懂得洁身自好、知恩图报、贡献社会。学校可利用新媒体录制微视频，讲述有关道德的事实案例，加强学生对道德的认知；通过设置不同的网络教育意境，帮助大学生形成对道德的追求；通过理论学习促进学生对道德的理性认知，以培养学生积极向上的人生态度，培养学生对家庭、学校、社会、祖国的情感，激发大学生对德育实践的兴趣，通过理论教育及德育实践促进学生道德素养的提升；通过开展网络道德示范演示，将传统教育与现代教育有机结合起来，通过短视频，宣讲道德事迹，提高学生的道德认知水平，使其体验道德的伟大魅力；通过网络的模拟示范功能，帮助学生将内在的德性与外在的伦理相结合，促进学生的全方面发展，进一步塑造适应现代社会发展的品德。通过创设良好的网络德育环境，可以将道德植根于现实生活的实践中。

（三）有利于推动社会主义精神文明建设

当代大学生是社会中有活力且最受关注的庞大群体，他们的行为习惯和道德水平引领社会道德建设的主要方向。利用新媒体对大学生进行德育，有助于他们养成良好的职业道德，同时在生活、学习和实践中不断提升自我，感受自身肩负的建设中国特色社会主义的责任和使命，从而更加热爱本职工作，进而积极工作，忠于职守，自觉为社会主义现代化建设多做贡献。具有良好道德品质的大学生在各自的工作岗位上发光发热，和同事之间的良好关系有利于改善社会关系、改变社会风气。大学生本身具有的活力和影响力，能够带动身边的人相互促进、相互学习，在学习和交流日益加深的情况下紧密协作，整个社会就形成了健康、团结、和谐的人际关系，进而形成良好的循环状态。

第二节 高校德育的目标与特点

一、高校德育的目标

（一）政治教育目标

高校应使学生具有坚定正确的政治方向和社会主义、共产主义信念，拥护党和国家的路线、方针、政策，坚持四项基本原则，坚持改革开放，在重大政治原则问题上，是非分明，能站在党和人民的立场上，对各种错误思潮有一定辨别和抵制能力。

（二）思想教育目标

高校应使学生树立辩证唯物主义和历史唯物主义的观点，具有正确的人生观与价值观，能正确认识个人、集体与社会利益三者的关系；具有艰苦奋斗、为人民服务的思想；具有与社会主义市场经济、改革开放相适应的思想观点；具有实事求是、追求新知、独立思考、勇于创新等思想品质。

（三）道德教育目标

高校应通过社会主义人道主义教育和社会公德教育，使学生热爱人、尊重人、信赖人，同情与帮助弱者，平等友好地与他人相处，遵守公共秩序，尊敬师长，尊重人的地位、价值，弘扬人性等。

上述三个方面的德育目标，既有各自特定的内容，有着各自的侧重点，但同时又是一个不可分割的、有着内在联系的有机整体。

二、高校德育的新特点

（一）高校德育开展方式的多样化

在现代信息技术与德育工作深度融合的背景下，高校的德育工作开展方式变得愈加丰富和多样。线上教学刚开始给教学带来新鲜感，但很快就进入了疲劳期。究其原因，线上课堂教学和传统课堂教学没有太大区别，同时线上课堂中的交流和讨论较传统课堂弱化，德育效果不足，需要灵活运用各种手段进行补充。例如，教师可以通过开通主题性的微博、微信平台来为学生提供相应的德育内容，使学生可以在课外时间更密切地关注德育课程；教师还可以录制一些短视频共享到这些平台中，供学生浏览，改善德育工作，适应信息时代学生生活和学习的新变化。

（二）高校德育开展内容的时效性

高校德育工作内容的时效性特点主要体现在两个方面：一是德育内容及时反映社会需求；二是德育的方式超越时间和空间限制。微时代背景下，微媒体已经成为学生日常生活和学习中使用最广泛、最频繁的交流媒介。在微媒体的影响下，学生逐步养成了关注时效性内容的习惯，会通过高频次地使用微媒体获取最新的内容。基于学生表现出的特点，注重内容的时效性便成为德育工作中重点关注的问题，德育工作者要紧扣现实，借助微媒体为德育增添新内容。

（三）高校德育开展主体的多元化

微媒体的应用普及使每个人都可以成为媒体传播的主体，任何人都可以通过微媒体展示自己，实现互动交流。微媒体所带动的人们交互方式的改变打破了传统德育中教师"教"和学生"学"的单一关系模式，使学生也能够成为德育工作的主体。学生可以在课外与教师、同学沟通交流，也可以将自己的观点、看法以语音、文字的形式推送给相应的对象，实现课外的针对性交流。

微媒体的交互性功能使得学生真正成了德育工作的主体，学生的共同参与促使德育工作主体由教师转变为师生。

第三节　高校德育面临的机遇与挑战

一、高校德育面临的机遇

（一）自媒体时代高校德育面临的机遇

新时代对高校德育工作的多方面都产生了积极的影响，尤其是自媒体拥有广泛的受众，在此，将基于自媒体视角系统分析高校德育工作面临的发展机遇。

1. 创新了德育方法

自媒体时代，高校应利用自媒体平台对德育工作进行改革创新，改变传统的教师单一讲解的知识传授模式，进而加强教师与学生之间的互动，在讨论和交流的基础上加深学生对相关德育知识的理解，使学生的价值选择和判断能力得到明显的增强，从道德他律逐渐转变为道德自律。在此过程中，高校德育教师应能够结合学生的实际情况对学生实施多元化的思想引导，使他们的思想道德认知水平和价值判断能力得到良好的发展，进而全面提升高校德育工作的成效。

2. 优化了德育内容

自媒体时代，大学生接触网络信息的渠道逐渐增多，为了能够使高校德育工作与大学生德育需求相适应，高校教师也应当与时俱进，从网络平台上筛选相应的德育内容，选取传播正能量的网络信息和网络内容，对大学生实施相应的德育。在此情况下，高校德育工作的主要内容将变得更加丰富，并且德育内容与学生生活、时代发展的联系将变得更加紧密。高校在开展德育工作的过程中，也能充分发挥网络的重要作用，为高校德育工作的改革创新提供重要的辅助。

3. 丰富了德育载体

自媒体时代，高校在开展德育工作的过程中，不仅能在课堂教学、校园活动中渗透德育思想，而且还能对线上德育模式进行开发，在自媒体平台上打造相应的德育园地，分享与德育相关的教育资源，引导学生进行讨论和分析，深化学生的思想认识。同时，高校为学生创造沟通和交流的平台，能让学生结合相关社会事件畅所欲言，真正将德育融入学生的生活实践中，增强德育影响力，维护学生的身心健康。

由此可见，在自媒体时代，高校德育工作载体更加丰富，德育工作能进一步向学生的生活延伸，为大学生的未来发展做出正确的指引，使他们在成长过程中能逐步树立正确的人生观和价值观。

（二）大数据时代高校德育面临的机遇

1. 德育的精准性得到了极大提升

在传统的高校德育工作中，由于德育自身的模糊性和隐匿性，高校德育工作者往往以一种直观式的感受去探寻德育规律和评估德育效果。除此以外，他们还受到调查方法单一、数据的片面性、科研经费较少等因素的限制，要想准确把握所有学生的德育状况来开展相应的德育活动几乎不可能实现。而在大数据时代，移动互联网技术、云计算、区块链等新兴技术的应用能够对相关的海量数据以一种极其低廉的成本进行存储、分析、挖掘和跟踪，这使得德育工作者可以利用大数据技术去宏观把握学生的德育状况，通过嵌入数据和数据建模来精准定位每一个学生，依据数据处理结果准确地显示出每个学生的习惯、思想和情感动态，较为细致地观察和了解学生的道德行为模式和这些道德行为模式的内在相关性，从而勾勒出每个学生的德育效果动态，开展具有个性化和针对性的德育活动。

2. 德育资源一体化的建设和共享

大数据时代的来临为各种德育数据的融通整合创造了条件，高校德育工作者可以借助大数据技术建立新型的高校德育平台，从而实现各种德育信息的交互、整合和共享。比如，在高校德育教学资源方面，高校德育平台可以将相关的德育课程大纲、德育教学方案、德育课件、德育案例等传统德育教学资源收集在一起，并将与德育教学相关的图片、音频、视频等多种形式的新媒体德育资源整合进德育平台中，从而为高校德育工作的开展提供形式丰富和类型多样的德育素材。在高校德育数据互通方面，可以加强学校、政府部门、社会团体机构之间的德育数据互通，尤其是可以对近年来高校学生的活动、媒体选择和使用趋向等进行整体性的数据采集和分析，将所获得的德育信息分享至高校德育平台，从而帮助各高校系统地了解和掌握当前高校学生的整体德育倾向和德育动态。在高校德育教学的线上线下一体化方面，首先是在线下的高校德育实践过程中，德育工作者可以根据线上高校德育平台所聚集的德育资源来不断优化线下高校德育课堂中的教学内容、教学方法，并充分利用大数据的分析预测技术去推荐贴近生活实际的德育内容给高校学生，让高校德育活动得以通过丰富多彩的形式展开，从而增强高校德育教学的实效性；其次是线上高校德育平台可以给学生提供慕课、微课等德育学习课程，从而减少时空、师资、经费等因素对高校德育教学活动的限制。

3. 德育评价更加多元化

传统的高校德育评价往往在高校德育教学之后，难以获取高校德育教学的过程性数据来得出准确的过程性评价，也难以及时促进高校德育教学活动的有效改进。而大数据技术能够对高校德育活动中产生的实时海量数据进行动态捕捉和深度挖掘，那么，在大数据支持下的高校德育评价就能够基于德育教学活动过程中的这些海量实时数据来对高校德育教学活动的各个时段做出更为准确的评判。因此，大数据时代的高校德育评价并非一种充满模糊性的结果性评价，而是贯穿于整个高校德育教学活动的过程性评价。

此外，传统的高校德育往往受制于德育工作者的主观感受、经验积累，高校德育评价偏向于单一的德育工作者主观的经验概括，因而不具有较强的多元性和科学性。大数据技术能够在高校德育活动监测上实现时间和空间的连续性，这样获取的德育数据实时性强、真实度高、内容全面，然后通过大数据处理各种类型数据的手段，把定量评价和定性评价进行适当整合，从而避免纯粹量化评价的局限性。因此，大数据能够真正地促成高校德育评价从结果性转向过程性，从主观走向科学，从单一变为多元。

二、高校德育面临的挑战

（一）自媒体时代高校德育面临的挑战

高校德育工作面临着严峻的挑战。要提高高校德育工作的效果，就要结合自媒体的时代特征对高校德育工作面临的挑战进行合理分析，进而结合挑战制定相应的改革策略，促进高校德育工作的发展。

1. 高校德育教师权威性弱化

自媒体时代，大学生在成长过程中能够自主接触相关的网络信息。大学生获取信息的渠道增多，自身价值判断能力明显增强，并且从网络中获取信息的速度明显比课堂快，导致大学生对传统的德育产生怀疑心理。德育教师的权威性日渐弱化，无法更好地结合时代发展要求对大学生实施有效的教育和指导。特别是在德育教师获取信息优先权日渐弱化的情况下，高校德育工作对大学生的影响力也开始下降，不利于德育工作的持续稳定开展。

2. 高校德育环境出现了二元异化的情况

自媒体时代，大学生逐步从信息的接收者转变成信息的发布者和传播者。在大学生的价值观并未得到有效树立的情况下，不少大学生无法科学合理地辨别网络信息和社会信息，大学生在传播信息的过程中可能受到信息的不良影响或者成为不良信息的传播者，高校德育工作者在如此复杂的环境中对大学生进行德育，工作难度大，工作效果不理想。同时，受到自媒体时代的影响，德育环境二元异化的情况也相对较为明显。在德育改革不彻底的情况下，教师难以在虚拟世界对大学生群体实施有效德育，德育的规范性和针对性不足，难以有效提高质量和效果。

3. 大学生价值观呈现出多元化发展态势

自媒体时代，大学生受到多种信息的影响，导致他们的价值观出现了巨大的变化，增加了高校德育工作者开展德育工作的难度。具体分析，在自媒体环境中，大学生生活方式懒散，精神生活方面追求娱乐化，大学生群体的价值观念呈现出中立化和多元化的发展态势。面对相关社会问题，不少大学生极易出现从众心理，容易被诱导，无法形成独立的价值判断。在此情况下，拜金主义、享乐主义等价值观影响着大学生的健康成长，对高校德育工作的开展造成了严重的制约，不利于大学生的健康成长。

（二）大数据时代高校德育面临的挑战

随着大数据在教育领域的不断渗透，德育生态正在被它改变，它不仅逐渐改革德育教学模式、德育课程建设、德育管理模式等，还迫使我们去思考如何基于大数据来实现培养德智体美劳全面发展的人这一德育目标和落实"立德树人"的德育任务。高校德育是德育领域的重中之重，它在大数据时代将主要面临以下四个方面的挑战。

1. 大量的数据信息冲击了高校德育的权威地位

在信息狭窄和闭塞的时代，学生主要是通过教育来获得对于自己、他人和世界的认知，因而会将高校所提供的德育教导视作唯一确定性的权威，并依据这些德育教导去发展自身。然而，在大数据时代，文字、图片、音频、视频等各种各样的数据充斥在学生的生活之中，不断向他们传输自身所承载的感情、态度以及观念，潜移默化地冲击着学生的感知，考验着学生的辨析力，影响着学生德性的养成。在这种情况下，高校所提供的种种德育教导便丧失了原来那种权威地位而显得单一、呆板和无力。

2. 大数据技术冲击着高校德育以往的研究范式

高校以往主要是在"归纳－综合"的指导思想下开展德育研究工作，即高校德育工作者往往是对在长期德育实践工作中摸索出来的经验进行归纳总结，从而得出具有普遍性和一般性的德育规律，然后再用这些德育规律去指导德育实践活动的开展。吉姆·格雷曾提出数据密集型的科学研究范式，即通过机器收集数据或通过模拟的方法产生数据，用相应的软件来进行数据的处理和分析，进而使得形成的信息和知识能够以一种可视化的方式呈现，旨在通过数据去帮助人们理解和探索事物之间的联系和规律。在大数据时代，这种数据密集型的科学研究范式将得到推广，它能够通过模拟方法产生数据。这种研究范式具有获取数据的方法成本低和可试错性高的优势，因此，这将整体性地冲击传统的高校德育研究范式。

3. 对开展德育工作的教师素质提出了更高的要求

高校教师是推动高校德育工作开展的核心力量，在以往的高校德育工作中，高校教师主要依托课堂和教材开展德育工作，由于课堂和教材很少有太大变动，所以教师形成了自身固有的德育实践模式，这也造成教师德育观念的固化和德育能力停滞不前。在大数据时代，德育场域已经不只停留在现实的课堂上，而是拓展到虚拟的网络世界，德育资源不只是课本教材，还有更多形式丰富的数据资源。因此，高校教师现有的德育能力、"守旧"和"维稳"的德育观念、固化的德育实践模式都将受到大数据时代的挑战。

4. 大数据可能演变成一种对高校德育的新的权力

金生鈜教授认为，以数据为本的教育测评是现代教育的重要装置，已经成为主导、控制学校教育的新型权力，它狭隘地测评人的发展与教育，把教育过程、学习行为标准化，导致对教育价值与意义的认知简单化，造成对学生作为人的发展的内在性、唯一性与完整性的忽略。

有学者指出，基于海量数据的品德监测可能侵犯学生隐私和违背教育伦理。学生在不知情和被迫的状态下将自己暴露在由数据构建的"全景式监狱"里，并遭受它的一番分析和评判，这在某种程度上是对学生隐私权的侵犯。而且，由于大数据技术自身还不够完善，学生相关数据信息外泄，将给学生的生命安全、财产安全带来极大的危害。

第四节　高校德育创新发展的着力点

一、把牢德育方向，注重正向引领

正确的方向是实现目标的基本前提和根本保证。立德树人是高校的根本任务，为党和国家培养合格建设者和接班人是高校的核心目标，传承和弘扬中华民族优秀传统文化，在新的历史条件下推进理论创新等也是高校承载着的重要历史使命。高校德育工作从根本上说是做人的工作，涉及方方面面，是高校完成以上一系列任务、目标和使命的"魂"，因此，把牢和把稳德育工作的正确方向不仅仅关系到这项工作本身的成效，更关系高校的人才培养、科学研究、社会服务、文化传承等核心工作能否顺利开展和实现预期目标。具体来说，在高校德育工作中，需要在把牢政治方向、文化方向和以人为本方向的同时，坚持正向引领和正面引导，为全体师生道德素养的提升把舵护航。

（一）高校德育工作必须把牢正确的政治方向

首先，把牢正确的政治方向就是巩固马克思主义在意识形态领域的指导地位，用当代中国的马克思主义，即习近平新时代中国特色社会主义思想武装全体师生，筑牢全体师生的思想理论根基。行动上的自觉源于思想上的坚定，而思想上的坚定则源于理论上的清醒。习近平新时代中国特色社会主义思想是共产主义远大理想与中国特色社会主义共同理想高度统一的理论结晶，是全国各族人民共同团结奋斗的思想力量。作为掌握较丰富的文化知识的高校师生，必须在习近平新时代中国特色社会主义思想的指导下，开展学习和研究，努力将实现个人理想融入实现国家富强、民族振兴、人民幸福的伟大梦想之中，这既是新时代对个人的道德要求，也是个人道德养成的正道。

其次，把牢正确的政治方向还要引导广大师生把社会主义核心价值观作为明德修身、立德树人的根本遵循。社会主义核心价值观是当代中国精神的集中体现，既是凝聚中国力量的思想道德基础，也是全体公民的行为准则，还是提升公民道德素养的重要载体。

（二）高校德育工作必须把牢积极的文化方向

文以载道，文以传情，文以植德。一个社会的道德建设和公民的道德养成离不开其优秀文化的历史积淀和现实支撑，而且在某种程度上，公民的道德素养本身就是文化的一个重要组成部分。高校作为培养人才、汇聚人才的重要阵地，也是文化工作的重要阵地，在德育工作中发挥优秀文化的导向和引领作用具有得天独厚的优势。

首先，中华优秀传统文化是各族儿女在数千年的历史进程中积淀下来的文化瑰宝，是经过岁月无数次的淘洗而保留下来的文化精华。因此，把牢积极的文化方向首先就要充分发挥中华优秀传统文化在高校师生道德养成过程中的积极作用。讲仁爱、尚和合、求大同的中华优秀传统文化涵盖的范围广泛，具有深厚的文化内涵和丰富的表现形式，其精髓则是包含如自强不息、敬业乐群、扶正扬善、扶危济困、见义勇为、孝老爱亲等这些具体内容的中华传统美德。高校在深入开展德育工作的过程中一方面要以这些美德为不竭源泉，另一方面也可以充分利用科研力量和文化优势，进一步深入挖掘中华优秀传统文化的核心内涵，提升师生自身的道德素养和水准。

其次，共产党的创建、中华人民共和国的成立和社会主义制度的确立，以及70多年来所取得的令世界刮目相看的伟大成就，都是全国各族人民在中国共产党的领导下经过浴血奋战和不懈拼搏才得以实现和获得的。因此，当代中国文化的一个重要且独特的组成部分，就是中国共产党领导人民在长期实践中形成的优良传统和革命道德。高校肩负着为中国特色社会主义事业培养建设者和接班人的重任和使命，因此，以中国共产党的优良传统和革命道德塑造全体师生的道德品质、提升全体师生的道德水平也就成为德育工作的应有之义和内在要求。要通过深化党史、新中国史、改革开放史、社会主义发展史等历史教育，凸显以爱国主义为核心的民族精神；通过弘扬改革开放精神、劳模精神、工匠精神、科学家精神等，凸显以改革创新为核心的时代精神；教育和引导广大师生将"革命理想高于天"内化为强大的道德力量。

最后，高校德育工作坚持积极的文化方向，还包括创建有利于师生立德修身的校园文化。高校师生生活在校园文化之中，积极的、丰富的校园文化对师生的道德养成具有潜移默化的影响，因而高校要将德育工作融入多种校园文化元素和各种校园文化群体之中。

（三）高校德育工作必须把牢以人为本方向

马克思主义认为，人在创造现实生活的同时也创造了历史、创造了自身，而道德就体现和形成于这种创造性的活动之中。道德维度是人之为人最重要的一个维度，因此德育工作是与人本身息息相关的工作，脱离人本身、脱离人的生活实践而空谈道德，必然达不到应有的工作效果。把牢以人为本的方向，高校德育工作就要将广大师生的主体性置于首位，"承认并尊重受教育者在教育活动中的主体地位，将受教育者真正视为能动的、自主的、独立的个体"。把牢以人为本的方向，还要将德育工作与人格塑造、个性培养统一起来。人是需求、欲望、天赋和才能的集合体，每个人的道德品质往往是与其本身所特有的人格和个性联系在一起的，德育工作要取得实效就不能脱离和忽视彰显着个体独特性的人格和个性。在世界多极化、经济全球化、社会信息化、文化多样化深入推进，各种思想文化相互激荡的时代大背景下，文化水平相对较高、思维相对活跃的高校师生勇于追求个性、敢于表达自我是他们的鲜明特征，呈现出多样化的人格特质也就成为一种必然，从而也为高校德育工作提供了较为独特的前提条件和客观环境。这就要求高校德育工作在以人为本、尊重个性和差异的基础上，找到在整体上塑造道德品格的最大公约数，将推动师生道德水平的提升融入师生个性和人格的塑造和表达之中。

二、遵循德育规律，注重久久为功

所谓"规律"，即在一定条件下，反复、稳定、普遍出现的情况或现象。与任何一项工作一样，德育工作也需要在遵循一定规律的基础上才能取得工作成效、实现工作目标。德育不同于科学知识教育或技能教育，与这些具体的教育工作不同的是，德育工作从根本上说是做人的工作，是引导人的精神世界发生变化的工作，既需要教育主体以认知、感染、体悟等综合方式去潜移默化地影响教育对象，更需要个体自主地建构、内化并通过体验和实践去养成特定的道德品质。因此，德育工作又是一项独特而复杂的工作。

（一）高校德育工作要遵循道德养成规律

德育工作的最终目的是通过引导和教育使教育对象形成一定的道德素养，因此，要使德育工作取得实效，就必须遵循人的道德养成规律。从某种意义上甚至可以说，德育工作规律与人的道德养成规律是高度重合的。一个人的道德素养需要经过一系列复杂的过程才能形成。人的道德素养在形成之后虽然具有一定的稳定性，但也并非永远保持不变，而是在很大程度上随着外在环境或条件的变化发生变化。特别是高校人群的构成主体是青年学子，德育工作的主要对象也是青年学子，面对这样一个具有一定道德认知，但道德情感认同仍在确立过程中、道德意志品质还需要通过实践进一步历练的一个独特群体，更是需要认真总结和把握其道德养成规律，德育工作才会取得成效。任何教育只有转化为自我教育才真正达到教育的效果。德育不是去禁锢人、束缚人、约束人，而是创造条件去发展人。德育的根本目的是构筑精神支柱，培育道德智慧，发掘创造潜能。

（二）高校德育工作要遵循循序渐进的教育规律

虽然每个人的个性特征在很大程度上都是由于后天接受各种教育或受到特定环境的影响而形成的。但是，就像没有人能够一下子成为一名数学家或社会学家一样，任何一个人的个性特征也都不是在一两天内就能够形成的，道德品质的形成更是如此。德育工作作为教育工作的一个重要组成部分，必须遵循循序渐进的教育规律，允许教育对象的道德素养有一个稳步提升的过程，急于求成甚至揠苗助长可能导致相反的结果。高校朝气蓬勃的青年学子在汲取大量科学知识的同时，也对全面塑造自我、提升个人的道德素养有着或隐或显的渴望，相对封闭和单纯的学习、生活环境既是他们道德养成的有利条件，但同时也给德育工作者一种可以给学生提出更高道德要求的错觉，从而导致在实际工作中的德育工作效果大打折扣。因此，高校德育工作必须稳扎稳打、一步一个脚印、循序渐进地推进。

（三）高校德育工作要遵循协同推进的工作规律

这里的协同推进既包括德育工作与其他育人工作的协同推进，也包括德育工作内部各要素的协同推进。

一方面，我国高校的人才培养目标是培养德智体美劳全面发展的社会主义建设者和接班人，高校的育人工作本身就是具有很强的系统性和全面性的工作整体。道德教育在与知识传授、体能教育、艺术教育、劳动教育等共同组成的教育体系中居于首位，这是由于"国无德不兴，人无德不立""育人的根本在于立德"。但是，德育工作从来就不是一项孤立的工作，德育工作如果脱离育人工作的其他方面也必然收不到应有的成效，因此德育工作要融入高校的学科体系、教学体系、教材体系、管理体系建设中。

另一方面，德育工作本身可以按照不同的标准分解为多重构成要素，如德育内容、德育方法、德育途径、德育保障、德育评价等，如果只片面强调其中的个别构成要素必然会使德育工作的整体效果大打折扣。因此，就德育工作与其他育人工作协同推进而言，一是要对其他育人工作起到引领作用，使其他育人工作方向正确、目标明确；二是要融入其他育人工作之中，在具体知识传授中凸显其价值内涵。就德育工作内部多重构成要素协同推进而言，一是各德育工作分支要切实发挥作用并相互促进；二是要有专门的德育部门或机构起到总牵头作用。

三、细化德育对象，激发主体作用

教师群体和学生群体是高校的主要人员构成，除了这两大群体之外还有行政管理人员、教辅单位人员、后勤服务人员等。高校的主要职责之一是培养人才，学生群体毫无疑问是教育工作的对象，但与知识传授等其他教育工作不同的是，高校的德育工作和道德建设工作的教育对象不能简单地被认定为只是学生群体。这是由于一方面，人的道德品质的养成以及道德水平的提升是一个持续和渐进的过程，而且在这个过程中还有可能出现一定程度的反复，因此高校中的每一个群体都是德育工作的对象，都是道德建设的主体。另一方面，无论是一线专任教师还是其他岗位的工作人员，作为教育者，只有不断接受道德教育、提升自身道德水准才能对学生群体产生积极的影响和正向的引导作用；而作为已经形成独立道德认知的青年学生群体，在高校德育工作中也发挥着很大的主体作用。因此，高校的德育工作要有效开展必须对教育对象进行细化，在分层分类的基础上增强工作的针对性，发挥教育对象的主体作用。

学生群体按照不同的分类标准可以有多种细化方式。例如，按照教育层次的不同可以分为本科生群体、硕士研究生群体和博士研究生群体，其中每一个群体还可以再进一步按照年级细分，尤其对于本科生群体来说，大一新生和大四毕业生就是两个具有显著特点的群体；又如，男生群体和女生群体也是两个在道德认知、道德共识等很多方面有着差别的群体；再如，对于来自不同民族、具有不同宗教信仰的学生群体来说，由于他们自身的文化、习俗和信仰不同，因此对道德要求的理解和认识以及和对道德规范的遵守和践行，都会有一定程度的差别。因此，在德育工作中，针对不同的学生群体必须有不同的工作方法，要注意分层分类进行引导和教育。

总体来说，由于大学生的感受性较强，因此要善于将道德要求和规范融入多种形式的主题活动和实践活动之中，在更加直观和感性的环境中促进青年学生形成道德认知，产生道德情感认同，从而促使其在进一步的道德实践中将道德认知内化为自身的道德素养。同时，大学生的德育工作还要与法治教育工作相结合，法治思想承载着道德理念，具有鲜明的道德导向，要让大学生在学法、知法、懂法中领悟到其中包含的美德义行和向上向善的力量。

教师群体也同样可以细化为专业课教师、包括思想政治理论课教师在内的公共课教师、辅导员教师等不同群体。教师的工作是塑造灵魂、塑造生命、塑造人的工作，教师的思想道德素质将直接关系到育人的质量和效果。

近年来，以习近平同志为核心的党中央高度重视高校教师队伍建设、师德师风建设，在多次重要会议和重要讲话中都对高校教师提出了殷切期望和明确要求。从做"有理想信念、有道德情操、有扎实学识、有仁爱之心"的"四有"好教师，到坚持"教书和育人、言传和身教、潜心问道和关注社会、学术自由和学术规范""四个相统一"，再到做好学生"锤炼品格、学习知识、创新思维、奉献祖国"的"四个引路人"，始终都彰显着对教师群体德行的重视和关注。为人师表，就要为学生树立正确的榜样，以身作则，从自身做起。学生会潜移默化地模仿教师的言行，想要培养出品德优秀的学生，教师的师德就要过关。不同的教师群体在不同的场域之中影响和塑造着学生的道德品格，因此，针对教师群体的德育工作也需要在细化教育对象的基础上开展，只有每一个教师的道德素养都得到提升，教师群体的道德素养才能从整体上得到提升，才能在学生的德育工作中产生同向和叠加效用。在高校中，与学生接触相对较多同时也最受学生信赖的教师群体无疑是专业课教师，专业背景的相同或接近使得学生对专业课教师有着天生的崇拜感和亲近感。

因此，有针对性地开展好专业课教师的德育工作，对于从总体上提升高校的道德建设成效有着重要的价值和意义。民族振兴、教育发展需要高校大力培养和造就一支师德高尚、业务精湛、结构合理、充满活力的高素质专业化教师队伍，需要涌现一大批好教师。专业课教师往往都具有良好的教育背景，受到过专业的思维训练，在某一领域有着精深的理论修养，这就要求针对专业课教师的德育工作要偏于理性化，不仅要告知其然，而且还要告知其所以然。工作的有效性在很大程度上取决于德育内容在逻辑上和学理上的说服力，这同时也就对高校教师工作部门和教师德育工作者提出了更高的要求。要引导教师做到以德立身、以德立学、以德施教、以德育德，需要全校整体发力。

四、完善德育全程，注重多管齐下

与知识传授不同，道德品质教育的全过程不是线性的上升过程，而是纵横交错的、网状的全面提升过程。从人的道德养成来看，德育工作需要在道德认知奠基、道德情感认同、道德实践夯实等各个环节中下真功夫、真下功夫，才能取得实效；从德育工作本身的构成方面来看，既包括德育活动实施前的准备工作，也包括德育活动中各个小的环节，还包括德育活动阶段性的总结和跟进等；从德育工作和人的道德养成的影响因素来看，根据马克思主义道德观，人的道德意识作为与特定时代生产方式相适应的意识形态之一，从根本上说受制于一定的历史条件和社会环境，因此德育工作要在与其他工作的统筹配合中共同推进。具体到高校，相对独立化的工作流程和相对封闭的教育环境，为德育工作的开展提供了特定的背景，师生们丰富多彩的学习生活内容也为德育工作提供了更多可选择的载体和切入点，这些都是高校德育工作全方位、多角度开展的重要和有利条件。

完善高校德育工作的全过程，要整合好德育过程中的各环节。就高校德育工作整体而言，这是一项需要持续推进、不断深化的全局性工作，具体到不同的工作环节，其主体无疑是德育的实施，但相关的工作保障、工作反馈以及工作评估也都是不可或缺的组成部分，因此，要达到良好的德育效果不能忽略任何一个工作环节。这一点在某一项具体的德育活动中体现得更为明显。为了有效地开展一项德育活动，往往需要在德育活动真正开始前做充分的准备工作，包括了解教育对象现有的道德水平、尽量多地查找与活动相关的道德素材、德育场景的布置等；在德育活动具体进行过程中，则需要精心组织德育内容，营造氛围等；在德育活动结束后，还需要通过多种途径和方法进一步追踪德育效果，及时进行评估和反馈，把思想品德作为核心素养体现在教师工作考核和学生学业质量评定中。

完善高校德育工作的全过程，要特别注重在师生的社会实践活动中融入德育内容。社会实践活动是高校师生教育教学活动的重要组成部分，全社会也为高校师生提供了丰富的实践选择和机会，从人的道德养成过程来说，已经形成的道德认知和情感认同还需要在实践活动中进一步巩固和夯实。在各种田野调查、参观考察等实践活动中，师生们可以近距离地感受国家的建设成就、了解相关领域的发展历程，从而在更好地认识社会、了解国情的过程中增强社会责任感。参与党和国家的重大庆祝活动，也逐渐成为高校师生社会实践活动的一项重要内容，亲身经历和参与这些重大活动的师生能够在其中深切地体会身为中国人的自豪感和光荣感，从而在更加广阔的视野中增强理想信念，在更高水平上提升道德品质。通过参与志愿服务，师生们也更加牢固地树立起为社会做贡献、为他人服务的公共精神。德育视角下的高校师生社会实践活动还要重视为师生创造参与劳动的机会，引导师生在劳动过程中热爱劳动、尊重劳动，体味其中蕴含的崇高精神，确立起"劳动最光荣、劳动最美丽"的道德认知和情感认同。

完善高校德育工作的全过程，要争取多方力量的支持和共同参与。高校有自己的教育教学规律，而高校师生并非置身事外，他们的道德养成受到多方面的影响甚至干扰，尤其在现代网络信息化高度发达的背景下更是如此，因此高校的德育工作要敞开大门，努力争取更多力量共同参与其中。作为既是高校主体也是高校德育工作主要对象的青年学生群体，实际上处于逐步脱离原生家庭和步入社会的过渡阶段，因而高校学生的德育工作需要来自家庭和社会两个方面的支持和参与。家庭是社会的基本组成部分，是个人道德养成的起点。生活在尊老爱幼、夫妻和睦、勤俭持家、邻里互助的家庭环境中的子女，在良好家教家风的涵养下往往也具有温厚恭谨的道德品行。这就要求高校的学生德育工作不能忽视与学生家庭教育的配合，如今日益便捷化的沟通方式也使得这种配合更加及时和高效。目前我国交通网络的迅速发展也使高校教育工作者通过走访了解学生家庭而进一步增强工作针对性成为可能。

此外，争取更多力量的支持和参与，也意味着高校需要与一些社会机构或组织合作开展德育工作，充分挖掘各种社会机构和组织中蕴含的丰富的德育资源，让各行各业中的道德模范、先进典型成为广大师生学习的榜样和行为的示范。还应该指出的是，高校德育工作在争取家庭和校外组织机构的参与配合中并非单向提升师生的道德素养，这实际上是一个双向互动过程，在这个过程中，整个社会的道德水平和文明素养都会同步得到提升。

德为才之帅，才为德之资。高校的根本任务是培养德智体美劳全面发展的社会主义建设者和接班人，要将"为党育人、为国育才"作为恒久的使命，坚持立德树人，坚持绵绵用力。作为公民道德建设工作的重要组成部分，高校德育工作需要我们从把方向、循规律、研对象、重过程等多方面着力，将德育工作融入现代化大学治理体系构建和治理能力提升的全过程，融入办学治校的各项具体工作之中，教育和引导广大师生厚植爱国主义情怀。

第五节　高校德育的重构与转型探索

一、高校德育的重构

（一）德育价值的重构

首先，从德育自身发展来说，确立本土德育价值观的需求是迫切的。最初阶段中国德育的发展深受外来德育思想的影响，其发展是以翻译西方德育著作与引进西方德育思想为热潮的，出现了"张冠李戴"现象，从而使得本土化的德育思想严重受挫。

从新时代社会发展角度来说，建立本土德育价值观是必要的。新时代，新的发展阶段迫切需要建立适合我国社会建设、德育发展的价值观，需要我们对德育价值进行冷静而慎重的理性探索，需要我们立足于中国实际而建立专属于我国的本土德育价值观。新时代下，积极从优秀传统文化中去汲取建立中国本土的德育观，也是文化自信的重要体现，有利于提高社会凝聚力与向心力。

其次，德育可以满足新时代的发展需求。当前世界，一定程度上是膨胀了的利益世界，利益纷争不断，所以需要建立一种价值体系来引导人的发展。而德育是"新时代落实立德树人根本任务的重要依托，是新时代我国人民追求美好教育的重要内容，是新时代迈向教育强国实施教育改革的重要方向，是新时代践行中华民族伟大复兴的重要途径"。

最后，儒家"敬"思想代表也践行了儒家德育思想中的优秀部分，为新时代本土德育价值的确立提供了坚实的道德基础。且"敬"思想具有较强的操作性，也符合新时代下人的道德心理变化，为其提供了明确的行为价值准则。"敬"思想下，个体的价值诉求是修身立命，做好自己的同时促进社会发展。所以基于新时代的发展需求，迫切需要建立具有中国特色的德育价值。

为满足新时代德育的价值诉求，建立本土德育价值，需要客观地对待中国传统文化。面对中国悠久的德育思想，应取其精华，对优秀德育思想进行转化与利用。儒家"敬"思想蕴含的德育价值，如仁的价值、善的价值、尊重价值等，是契合新时代德育价值的发展诉求的，对其继承并发扬有利于实现文化自信，推动学生的道德建设。

（二）德育生态系统的重构

生态德育作为一种新的德育观，一方面，需要尊重和发挥学生个体的主体性和参与性，促进学生全面健康成长；另一方面，需要把德育与社会实际生活联系起来，创新德育工作，让学生在生活中体验人生，在体验中不断超越自我，进而促进健全人格的发展。

1. 德育环境的生成性建设

营造环境优美、文化底蕴浓厚的生态校园环境是实施生态德育的题中之意。学生在生态校园环境中学习、生活，自己的生态意识、生态行为也会在潜移默化中养成。首先，改造校园环境，创建有利于德育生态系统优化的校园生态物质文化；其次，在校徽、校训等特有的标志性符号中融入德育生态元素，使学生随时随地接受德育，并通过反复接触，逐步将这些生态元素内化为自己的潜意识，再转化为实际行动。

因此，对学生进行生态德育，要大力开展生态文化建设活动。如开展生态知识普及活动，加强学生对生态发展理念的认知；完善生态德育体系，建立生态德育规范并在德育活动中加以迁移；建立相互尊重的人伦关系、爱惜花草的良好传统，营造良好的氛围和德育养成环境等。

2. 德育主体的人本化建构

道德产生于交际，没有交际，人就不可能真正懂得尊重他人和尊重自己，也不可能懂得体会生活的真谛。因此，德育工作要强化学生的主体地位。以人为本既是德育的手段，也是德育的目的。

首先，学生个体是不可或缺、不可替代的"生态"，德育工作者要让他们在参与道德文化建设的实践中体现自我道德价值，德育工作者应该尊重生命个体的差异，让每一个学生都有建构自我生命的权利，培养学生热爱自然、热爱生活的道德情感，促进学生个性的丰富和发展。其次，没有反思的人生是没有意义的人生，德育工作者要培养学生对生态知识的反思意识，引导学生结合德育实践进行反思，引导学生在反思过程中将所获得的生态知识内化为生态意识。最后，德育工作者应时刻引导学生思考生态知识，并分析其合理之处，探讨其局限性，从而深化学生对所学生态知识的认识。

二、高校德育的转型

（一）从德育政治化到人本化

德育不只是道德教育，还包括政治教育、思想教育；德育不只包括道德教育活动，还包括思想政治工作。毛泽东曾经说过："思想政治工作，各个部门都要负责任。共产党应该管，青年团应该管，政府主管部门应该管，学校的校长教师更应该管。"德育不仅能发展学生德性，也是维护社会稳定、提升民族凝聚力的重要法宝。前者是德育的人本功能，致力于提升学生的思想道德素质；后者是德育的政治功能，在于维护社会稳定，建立良好的社会秩序。

随着社会主义市场经济的发展，社会主义建设中出现了物质文明和精神文明"一手硬一手软"的情况。《中共中央关于加强社会主义精神文明建设若干重要问题的决议》（以下简称《决议》）提出："如何在经济建设为中心的前提下，使物质文明建设和精神文明建设相互促进，协调发展，防止和克服一手硬、一手软；如何在深化改革、建立社会主义市场经济体制的条件下，形成有利于社会主义现代化建设的共同理想、价值观念和道德规范，防止和遏制腐朽思想和丑恶现象的滋长蔓延；如何在扩大对外开放、迎接世界新科技革命的情况下，吸收外国优秀文明成果，弘扬祖国传统文化精华，防止和消除文化垃圾的传播，抵御敌对势力对我国'西化''分化'的图谋，这是在社会主义现代化进程中必须认真解决的历史性课题。"

《决议》提出要加强思想建设，努力提高全民族的思想道德素质。教育为社会主义现代化建设服务，德育为社会主义精神文明建设服务，成为改革开放之后，我国德育的重要价值定位。

进入21世纪，党的十六大正式提出党的教育方针："教育为社会主义现代化建设服务，为人民服务，与生产劳动和社会实践相结合，培养德智体美全面发展的社会主义建设者和接班人。"与前一个方针相比，增加了"教育为人民服务"。党的十七大落实"科学发展观"的"以人为本"，教育方针中第一次提出"坚持育人为本、德育为先，实施素质教育"。党的十八大提出"坚持教育为社会主义现代化建设服务、为人民服务，把立德树人作为教育的根本任务，培养德智体美全面发展的社会主义建设者和接班人"。党的十八大把"育人为本，德育为先"进一步提升为"立德树人"。党的十九大坚持和巩固这一思想，提出"要落实立德树人根本任务，发展素质教育，推进教育公平，培养德智体美全面发展的社会主义建设者和接班人"。

从以社会主义精神文明建设定位德育，到以"立德树人"定位德育，这是德育定位的第二次转型，它使德育从作为社会的工具开始转向人，使德育从满足社会的需要转向提升人的道德素质，开启了德育以人为本的新局面。

（二）从孤立的德育到立体的德育

运动式德育，如同天女散花一样，是一个个的点。一个点的德育，或是一个德育活动，或是一门德育课程，或是一项德育工作。由于缺少整体规划，点与点之间不仅缺少横向联系，也缺少纵向的联系，串不成线，更形成不了面和体。孤立点的德育是为解决社会问题的突击式、运动式的产物，它试图通过一项活动、一个专项，解决道德发展的问题，实际上把道德发展孤立化了，没有看到道德发展的复杂性和影响因素的多样性。

思想道德的发展是一个长期过程，其发展的影响因素具有弥散性，除了学校组织的有目的的直接德育，还有家庭和社会进行的间接德育、隐性德育。所以，德育不应该只是一个个孤立的点，而是一个系统、开放的影响系统，既包括直接德育，也包括间接德育、隐性德育；既包括学校德育，也包括家庭德育、社会德育。因此，需要建构全员育人、全过程育人、全方位育人的德育格局。我们对德育格局的认识是逐步深入、逐步扩展的。以社会主义核心价值体系教育为例，从最初"把社会主义核心价值体系融入国民教育全过程"到"把社会主义核心价值体系融入国民教育、精神文明建设和党的建设全过程"，再到党的十九大提出

"把社会主义核心价值观融入社会发展各方面",可以看出社会主义核心价值观的教育越来越全面、越来越立体。

新时期的德育工作就是要努力构建全员、全过程、全方位的"三全"德育格局,使德育贯穿生活中的每一个环节、每一个事件,做到"人人做德育""处处有德育""事事是德育",推进德育的常态化发展,真正将德育落小、落细、落实。

全员育人,是指学校教职员工都承担着德育的责任,都需要有明确的德育意识。尽管德育不只是学校德育,但学校承担着立德树人、教书育人的专门职责,发挥着德育主阵地的作用。就学校而言,德育不只是几个德育管理者和班主任的事,学校的每个教职员工都要发挥育人的作用。首先,是全校所有的教师,尤其是学科教师。教师通过自己的人格,通过学科教学影响学生品德的发展,所以,要提升教师思想政治素质,加强思想政治工作,加强师德师风建设,增强教师教书育人的责任担当。其次,是德育学科的教师,他们是德育的直接实施者。尽管德育不只是讲授德育课程,但德育课程应该在学校德育中发挥主渠道作用,德育课教师的水平直接影响着德育课的教学效果,因此,要加强德育课教师,尤其是高校"两课"教师队伍的建设。

全过程育人,是指德育要贯穿立德树人的全过程。全过程育人包括三个方面:首先,是人生发展的全过程,对于大学生来说,是学校教育从开始到结束的全过程。大学时期是人生发展的重要阶段。2014 年 5 月 4 日,习近平总书记在北京大学师生座谈会上的讲话指出,人生价值观就像穿衣服扣扣子一样,如果第一粒扣子扣错了,剩余的扣子都会扣错。人生的扣子从一开始就要扣好。因此,必须整体设计大中小学德育体系,推进小学、中学、大学的有机衔接,使德育贯穿学校教育的全过程。其次,是教育教学全过程。习近平总书记在全国高校思想政治工作会议上的讲话强调"要用好课堂教学这个主渠道,思想政治理论课要坚持在改进中加强,提升思想政治教育的亲和力和针对性,满足学生成长发展需求和期待,其他各门课都要守好一段渠、种好责任田,使各类课程与思想政治理论课同向同行,形成协同效应"。课堂教学要遵循教学的教育性原则,把知识教学与思想品德教育结合起来,发挥各门学科的教育作用,将德育融入课堂教学的全过程。最后,全过程育人还要把学校教育延伸到家庭和社会,打通学校与家庭、社会的壁垒,引导家长注重家庭、注重家教、注重家风,营造积极向上的良好社会氛围,发挥家庭和社会的育人作用,构筑家庭和社会协同育人机制。

全方位育人,是指德育要渗透到立德树人的各个方面。2017 年出台的《高校思想政治工作质量提升工程实施纲要》也提出,要充分发挥课程、科研、实践、文化、网络、心理、管理、服务、资助、组织等方面工作的育人功能，构建课程育人、科研育人、实践育人、文化育人、网络育人、心理育人、管理育人、服务育人、资助育人、组织育人的十大育人体系，这十大体系，做到了学校德育的全覆盖。

"三全"育人体系，符合品德形成的复杂性的要求，体现了德育的全面性和立体性。全员育人、全过程育人和全方位育人，不是三个体系，而是一个具有内在联系的整体。

第二章 高校德育发展的历史回顾

高校德育作为大学生教育的重要组成部分，在大学生教育中具有不可替代的重要作用。本章分为高校德育的发展历程回顾，高校德育发展的复杂背景两个部分。主要包括中国德育的历史发展，高校德育理论发展、实践发展历程，高校德育发展的三个阶段，市场经济、经济全球化、高等教育改革背景下的高校德育发展等内容。

第一节 高校德育的发展历程回顾

一、中国德育的历史发展

（一）中国古代德育的形成期

中国古代的道德理念并没有像当今这样分化为一个具体的独立形态，而是融于社会习俗与文化之中。因此，从严格意义上讲，中国古代并不存在专门的德育。但通过对古代社会的人才培养体系进行研究，可以发现古代的德育内容其实分散在人们生活的各个方面，无时无刻不在影响着人们的生活。

在中国古代，教育制度、科举制度和管理制度构成了封建社会三位一体的人才制度，建立起了封建社会的人才培养体系。该体系的核心内容都是围绕"德"和"才"来展开的。

1. 古代学校教育制度的形成

《孟子·滕文公上》中曾记载："夏曰校，殷曰序，周曰庠；学则三代共之，皆所以明人伦也。"早在夏代，就已经出现了最早的学校雏形，而且学校教育的目的都很明确，就是使人"明人伦"。到了周代，随着宗法制的逐步确立，学校教育有了进一步的发展。教育制度与学校结构更加完善。《礼记·大学》中记载："大学之道，在明明德，在亲民，在止于至善。"即要培养道德高尚、对人民有益的人。到了春秋时期，在由国家所管理的学校教育的基础上，产生了私学。最早的私学创立者便是孔子。孔子之后，官学与私学并重，形成了中国古代教育的双轨制。

封建制度确立以后，官学和私学都得到了新的发展。官学方面，到了汉代，出现了中国历史上正式设立的第一所大学。到了清代，国子监成为国家唯一的最高学府。私学方面，从宋代到清末出现了书院这一特殊形式，类似于现在社会的私立大学。在清代还出现了学塾，属于民间小学的性质。

除了官学与私学之外，家庭教育作为补充，也在一定程度上促进了古代学校教育制度的形成。

古代教育制度的确立过程，体现出古代中国对于教育的重视程度。古代教育的核心就是教人如何做人，重视道德文化的培养，因此，形成了尊师重教的社会特点。

2. 古代教育的内容

历代哲人们的哲学思想和学说，构成中华优秀传统文化的核心。中国古代的教育内容也离不开这些哲学思想和学说。儒家学说是中国文化史上的第一学说，孔子是儒家学说的创始人。其学说的核心思想是"仁"。孔子从"仁"的思想出发，提出了一套修身达人的伦理观念和道德教化的政治观念。

汉代，董仲舒提出以儒家思想为核心思想，融入诸子百家学说，建立起一个以"天人感应"为中心的唯物主义思想体系，并由此兴起了一门新的学问，即经学。到了宋代，以程颢、程颐和朱熹为代表，形成了理学。"四书""五经"成为此后历代学子的必读书籍。而随着科举制度的确立，儒家学说在中国文化史上的影响力也在不断扩大，成为当之无愧的第一学说。

相较于儒学的"入世之学"，道家学说作为中国文化史上的另一个重要学说，则偏向于"出世之学"。老子作为道家学说的创始人，强调"道法自然"，认为宇宙万物都是自然而然的演变。该思想在中国文化史，尤其是在哲学史上留下了浓墨重彩的一笔，也成为历代学子学习的内容之一。

除了影响力较大的儒家学说和道家学说，还有法家学说、墨家学说等诸子百家的学说，这些学说的代表人物的思想与典籍，共同构成了中国古代教育的内容，丰富了中华传统文化。

3. "德""才"兼备成为古代选人取士的重要标准

中国古代通过有道德、有才能、有见识、有才干的贤士治理国家，由此可知，中国古代选用人才的标准简言之就是"德""才"兼备。

（1）科举制度是选拔人才的方式

中国早在夏以前就产生了"选贤与能"的"选仕"观念。到了春秋战国时期，由于社会经济文化的发展以及阶级关系的变化，选拔人才的方式逐渐从"世卿世禄制"转变成"客卿制"。到了汉代，封建集权制逐步确立，选拔人才的方式有了"察举"和"征辟"两种，此时，选拔人才已经比之前单纯推荐人才，增加了考试的方式。但在隋朝，才出现了通过考试来选拔人才的方式，即科举制度。科举制度在明清达到了完备阶段。

科举制度的产生拓宽了古代社会选拔人才的范围，将考试作为选拔人才的方式，也具备更加公平、公开和公正的优点。通过科举制度选拔出来的人才，绝大多数都能够为国家和社会贡献出自己的力量。

选拔人才的方式虽不断变迁，但始终将伦理道德及其践行作为重要内容，科举制度发展后期更将儒家经典纳入考试内容。这就形成了全社会读书至上，尤其是读儒家经典至上的社会氛围。而儒家学说中修身达人的伦理观念和道德教化的政治观念，也通过科举考试增强着自己的影响力。选拔符合国家需求的"德""才"兼备的人才，成为中国古代选人取士的重要目的。

（2）管理制度是任用人才的具体手段

通过科举制度选取出来的人虽并非都是杰出之士，但大部分还是可以为国家和社会做出自己的贡献的，这其中离不开政府在人才管理上的努力。《唐会要》记载了唐朝文官晋升的规定。其中德行被作为重要的衡量标准。在同等条件下，道德素质的高低决定了官员晋升的顺序，必要时，道德低下者将被取消晋升资格。

综上所述，德行在古代教育中占有崇高地位，而人才的选拔和录用又促使整个社会更加重视德行。

（二）中国近代新旧道德观念的变革期

近代中国离不开"变革"二字，从"开眼看世界"到"十月革命一声炮响"，近代中国的德育发展也在经历着变革。五四运动是中国近代新旧道德观念之争的分界线。

1. 五四运动前——公德与私德之争

鸦片战争是中国近代史的起点，中国的社会性质开始发生改变，旧阶级的变化与新阶级的产生,都对中国的传统伦理道德观产生了影响。

在鸦片战争以前,很少有人对传统伦理道德进行反省和批判。传统道德观念根深蒂固。鸦片战争以后,诸如林则徐、魏源、严复等开明之士开始"开眼看世界",他们将目光放在了公德的改革上。严复在《原强》中提出"新民德"的主张。所谓"新民德"就是倡导广大国民增强公德心。而中国传统道德教化却阻碍公德心的建立。

严复之后,梁启超对道德问题尤其是公德问题研究最多也最为深刻。梁启超认为甲午战争对中国人民的民族意识的普遍觉醒起到了重要的作用,并认为公德问题对民族意识有着较大的影响。梁启超在《新民德》中认为,当时中国之所以出现当下的局面,是因为国民普遍缺乏同情心、理解心,对公共事务没有兴趣与热情,将个人利益放于首位。正因如此,甲午战争激发起了中国国民对于时局的反思,燃起了国民对于公共事务的参与热情,也激发了社会对于公德的讨论。

在梁启超之后,孙中山、鲁迅等人都对公德提出了自己的想法。可以说,公德与私德之争,是有志之士对于中国当时局势的一种思考和对被中国传统伦理道德所束缚的思想的一种解放。

2. 五四运动——社会新旧道德之争

在国民意识普遍开始觉醒之后,1915 年旨在进行思想文化革新、提出民主与科学、反对封建文化的新文化运动开展起来。1917 年俄国十月革命之后,马克思主义开始在中国传播,先进的知识分子看到了民族振兴的希望。1919 年五四运动爆发,五四运动继承了新文化运动中提出的反对封建旧道德、提倡社会新道德的思想。但两者之间的新道德存在不同。

受到马克思主义在中国传播的影响,"五四"时期提倡的新道德,是从唯物史观的角度出发,认为道德应存在于社会实践之中,反对封建道德观和西方道德观。李大钊作为早期革命家,也是最早运用马克思主义对中国的道德问题进行解答与阐释的人。李大钊运用马克思的唯物史观思想,对影响中国千百余年的以三纲五常为核心的旧道德进行批判,同时,提出符合时代发展需要的新道德观。他认为道德是用来律己与躬行的。道德的要义是修身,修身的最高境界就是追求真理。这个真理指的就是马克思主义。李大钊对中国传统道德的去粗取精和对新道德的建设,为马克思主义在中国的传播,也为以后科学的社会主义道德体系的形成做出了独特的历史贡献。自此,中国的道德观开始向社会主义道德观发生转变,并在革命抗战时期不断发展与完善。

（三）中国特色社会主义道德观的形成与发展期

1. 中国特色社会主义道德观建立前的探索时期（1921—1949 年）

这个时期国内社会动荡不安，国外列强对中国虎视眈眈，在内忧外患的重重困难中，中国共产党成立了。它不仅为苦难中的中华民族带来了正确的救国道路，也带来了马克思主义这一科学理论思想。在革命战争的过程中，中国共产党人始终坚持用马克思主义思想来武装头脑，同时，也积极总结和吸收革命战争中的实践经验，始终坚持将其与马克思主义思想相结合，不断地对中国社会道德观进行探索，为中国特色社会主义道德观的建立做出了贡献。

2. 中国特色社会主义道德观初步建立时期（1949—1979 年）

中华人民共和国成立以后，人民的思想、道德观与价值观都在发生变化。党和国家领导人在对社会主义建设的探索过程中，更加注重对社会主义道德观的发展。

在这个时期，国家着重以马列主义与毛泽东思想来对广大群众进行理论学习教育，并从社会发展的角度出发，在尊重不同阶级思想与价值观念的基础上，对已有的道德观进行辩证性的批判与保留，中国特色社会主义道德观初步建立起来。

3. 中国特色社会主义道德观科学化和规范化时期（1979—2017 年）

党的十一届三中全会以后，为了适应新的历史发展需求，关于中国特色社会主义道德观科学化、规范化的问题引起了党和国家的高度关注。在反复的讨论与实践中，社会主义核心价值体系的提出，使中国特色社会主义道德观在科学化和规范化方面有了突破性的发展。在社会主义核心价值体系提出的基础上，社会主义核心价值观以更加简练的形式被阐述了出来。它的提出使公民的基本道德有了可以参照的规范要求。其覆盖范围涉及社会生活的各个方面，是中国特色社会主义道德观在当代科学化和规范化的体现。

4. 新时代中国特色社会主义道德观发展时期（2017 年至今）

在新时代，结合新的伟大实践与思想，我们继续发展中国特色社会主义道德观。如在中国共产党百年华诞之际，在全社会开展党史学习教育，营造学习革命英雄事迹的学习氛围；加强宣传先进典型人物故事，不断提升广大人民的思想道德水平。同时，中国特色社会主义道德观发展还要与时俱进，在保留现有成果的基础上，有前瞻性，使中国特色社会主义道德观能够符合时代发展要求，能够更好地为社会主义建设贡献力量。

二、高校德育发展历程

（一）高校德育理论发展历程

高校德育发展是传统高校德育向现代高校德育转变发展的过程，高校德育的发展要以科学的理论为指导。改革开放以来，中国共产党关于高校德育理论的发展同我国的精神文明建设、中国特色社会主义现代化建设的理论密切相关。

1. **精神文明建设理论指导下的高校德育理论（1979—1997年）**

"建设社会主义精神文明"命题的正式提出要追溯到1979年9月29日，以邓小平为核心的党的第二代中央领导集体高度重视社会主义精神文明，他们的一系列讲话和论述为我国社会主义精神文明建设奠定了坚实的理论基础。改革开放初期的精神文明建设理论开启对文化事业的拨乱反正，高校德育的整顿全面展开。在党的十一届三中全会之后，高校德育历经由整顿恢复到探索发展的过程。指导思想方面，高校德育改变过去"以阶级斗争为纲"的错误思想，将培养又红又专的人才作为高校德育工作的中心任务，以适应我国的现代化建设需要；高校德育内容方面，高校恢复系统的马克思主义理论课，充分发挥马克思主义理论在人才培养中的指导作用；高校德育学科建设方面，大学生德育科学化随着理论研究的深入逐步提上日程。各高校对大学生思想特点及教育规律研究的积极展开也逐步推进高校德育载体及运作方式的变革，榜样教育、社会实践活动以及校园文化的建设不断丰富和发展着高校德育的理论和实践。

2. **中国特色社会主义现代化建设理论指导下的高校德育理论（1997—2002年）**

以江泽民为核心的党的第三代中央领导集体着眼于我国社会主义现代化建设的新形势，提出"建设中国特色社会主义文化"的文化发展战略和"三个代表"重要思想，从物质文明和精神文明两个方面抓，全面论述中国特色社会主义文化建设的性质、内容和所要遵循的原则、方针，以"三个代表"重要思想指明中国特色社会主义市场经济的转变，由此带来的高校大学生价值取向的多元化是本阶段高校德育所面临的背景。总的来说，如何处理高校德育与其他教育的融合协调问题，确定什么样的德育大纲和德育发展战略的问题，怎样实现高校德育和中小学的一体化、系统化的问题是这一阶段高校德育发展理论所要解决的焦点问题。由此，高校德育围绕这一系列的焦点问题，不断地加强社会主义精神文明建设，采取措施，创造性地丰富和发展高校德育的理论和实践，使高校德育在深化改革中不断开拓出新的局面。

3. 社会主义核心价值体系建设理论指导下的高校德育理论（2002年至今）

新时期的文化建设理论是在结合新形势新任务的基础上对精神文明建设理论和中国特色社会主义文化理论的继承和发展。随着改革开放的逐步深入，社会转型使大学生的价值观和思想呈现出多元化和多样化的特征，给高校德育工作提出巨大的挑战，因此这一时期高校德育理论研究主要围绕"问题-对策"的议题而展开，如集中于对"三个代表"重要思想指导下的高校德育、社会转型时期的高校德育、多元文化背景下的高校德育等问题的研究。党的十七大报告第一次明确把文化软实力提升的重要任务提出来，由此，文化为社会发展提供精神动力和价值坐标。拓展高校德育的文化领域、加强高校德育基础建设、丰富高校德育的文化意蕴是新时期高校德育发展的新趋势和新指向。党的十八大报告指出，把立德树人作为教育的根本任务，培养德智体美全面发展的社会主义建设者和接班人。党的十九大报告指出，要全面贯彻党的教育方针，落实立德树人根本任务，培养德智体美全面发展的社会主义建设者和接班人。

（二）互联网视域下高校德育实践发展历程

1. 敏锐认识与适应阶段（1994—1999年）

这一阶段互联网初入我国，受到互联网终端发展迟缓和经济因素的制约，起步阶段的发展缓慢，对高校德育实践的影响有限，但已得到了广泛关注和重视，部分高校开始尝试利用互联网开展德育实践。

20世纪90年代初互联网在中国悄然兴起，在互联网发展的早期，链接技术、数据分析技术等互联网技术都还处于起步阶段。同时，加上受计算机的发展水平较低、台式电脑等个人互联网终端的普及范围很小、互联网连接的成本较高、网络数据传输的速度太慢等因素的制约，互联网真正的优势还没有能够快速地体现和被人们所觉察。在接下来的时间里，随着互联网的快速发展，它不仅在高校中产生了较大的反响，也让社会对其充满了好奇、期待和憧憬。于是，在一批海归学子的带动下，抱着对中国互联网巨大发展潜力的自信和互联网技术改变未来社会的梦想，整个互联网行业的发展进入了膨胀期，互联网技术快速发展的同时，各种门户网站也爆发式地出现了，其中如搜狐、新浪、网易等门户网站在互联网发展的历程中一直扮演着重要的角色。尽管在互联网进入中国的最初一段时期，它并没有对高校德育实践产生较大的影响，然而，高校作为知识水平较高、求知欲望较强、教育资源最优的一块阵地，师生们对科技潮流的迅速反应，也让高校充分觉察到互联网将对学生德育实践活动带来的影响。

2. 主动推进与探索阶段（2000—2003年）

这一阶段社会经济的发展和计算机技术的进步打破了互联网普及的瓶颈，互联网普及率爆发式增长，校园BBS网站风靡，高校德育实践主动搭建互联网工作平台，并开始探索互联网背景下高校德育实践的发展规律和工作方法。

进入21世纪，随着互联网经济的崛起并开始成为世界经济的重要组成部分，互联网信息技术成为重要的科学技术支撑，社会对其发展和应用提出了更高的要求。此时，互联网已经有几年的发展积淀，也积累了一定的群众基础，随着互联网信息技术的不断更新和发展，网络传播的速度、网络交互的功能都得到了较大的发展。此外，随着我国社会经济发展水平的提升，互联网硬件建设大步向前，台式电脑、个人计算机普及程度提高，网民的数量快速增长，为互联网的广泛使用提供了坚实的基础。高校学生拥有台式电脑的数量爆发式增长，学生拥有了更多接触互联网的机会来满足他们的好奇和需求，互联网技术的发展，让网络的面貌比以往更加生动。在这一时期，随着互联网浏览器的快速发展，门户网站爆发式发展，高校校园里的学生网站、校园BBS网站在学生中风靡一时。新兴的网络社交媒介以其虚拟性、开放性、交互性、自主性的优势，对学生产生了超乎寻常的、强烈的吸引力和影响力。这些网络科技的发展不仅开始大范围地影响着学生的学习和社交习惯，更加引起了高校德育实践的重视，全国高校开始主动探索互联网环境下学生德育的工作方法，通过校园主题网站建设、校园BBS网站管理等方式切实推进高校德育实践工作。

3. 全面运用与研究阶段（2004—2010年）

这一阶段互联网全面普及，对高校师生学习、生活的影响向纵深发展，互联网虚拟性、交互性、人性化的优势备受追捧，学生群体的互联网问题日趋严重，高校全面运用互联网媒介开展德育实践工作，并开始深入研究互联网背景下高校德育实践体系的构建。

2004年起，互联网在中国社会已经建立了较为深厚而广泛的用户基础，互联网技术的持续飞速发展，为人们更加便利地使用互联网创造了条件。特别是在高校校园里，学生宿舍网络的覆盖率达到100%，学生个人计算机拥有率超过95%，学生个人笔记本电脑的拥有率不断提高，学生的互联网习惯初步养成。可以说，学生上网习惯的养成也推动了互联网行业的井喷式发展，以学生网民群体为基础的电子商务、网络游戏、信息资讯、交友平台、音视频网站等在这一时期开始表现出强劲的发展势头。在互联网和用户互动的推动下，人们发现互联网开始真正地改变着社会生活的方方面面,高校学生的学习、生活也开始发生翻天覆地的变化。此时,互联网对学生的成长和发展已经产生了极大的负面影响,高校德育实践也不得不面对互联网对德育内容、手段、载体、阵地等全过程所带来的挑战,从而开始重点研究互联网环境下学生的行为特点、信息传播的特点以及网络德育实践的对策。

4. 思维驱动与创新阶段(2011年至今)

这一阶段移动互联网信息技术飞速发展,智慧校园时代正式开启,"互联网+"计划上升至国家战略高度,互联网成为人们生活中不可或缺的部分,"互联网+"思维驱动高校德育实践创新发展。

"互联网+"时代的到来使得互联网对高校德育实践"双刃剑"的作用更加凸显。在这个以跨界融合、驱动创新、尊重人性、连接一切为特征的全新时代,社会各行各业、行业内的各个层面都用"互联网+"的思维改变着以往的面貌,学生的生存状态也发生了巨大的变化,给高校德育工作带来了前所未有的机遇和挑战。高校德育实践活动不仅要彻底改变传统的思维方式,同时更要充分地利用好时代的优势对高校德育实践不断进行创新。可以说,随着"互联网+"时代的到来,思维的转变和技术的进步永远不会停止步伐,反而会以更快的更新速度向前推进。所以,高校德育实践必须紧跟时代的步伐,准确把握高校学生学习、生活等各个方面的新特征和新变化,遵循高等教育的基本规律,不断利用"互联网+"的思维理念和科学技术的优势,切实推进自身的创新与发展,才能获得满意的德育效果。

第二节 高校德育发展的复杂背景

一、市场经济背景下的高校德育发展

改革开放以来中国的市场经济取得了大的发展,中国从"计划经济"向"市场经济"转型,这场空前的社会变革,给中国的社会生活带来了巨大变化,高校的思想道德建设领域也出现了新的伦理观念,高校大学生也出现了复杂的伦理观念和价值观念。

(一)市场经济的发展

自20世纪末以来,社会主义市场经济不断成熟,使得我国经济发展突飞猛进,

步入市场经济的国家行列。市场经济有其优越性，促进了生产力的发展，提高了人们的生产积极性，改变了人们的物质生活，但市场经济的发展也带来了一系列的负面影响。

首先，市场经济的实质是千千万万的个人和商家之间的交易，人是市场经济的主体，如果想在市场经济中获得发展、赚取利润，就必须最大化地发挥个人优势，提高自身的核心竞争力。这使得人们的自主意识逐渐增强。一部分大学生因认同这一经济理念，使得自身的个人主义道德倾向越发明显。大学生的个人主义道德倾向主要表现为以下几个方面。

第一，一些大学生往往追求独立自主的人格，以自我为中心，强调自身感受，常常忽视外界的看法。

第二，一些大学生不太在乎长远目标，认为目标不必定得太长远，现实地度过每一天才是王道。

第三，一些大学生在处理个人与个人、个人与集体、个人与社会的关系时，容易只在乎自身利益且过于强调平等。

其次，市场经济强调竞争，只有竞争才能创造出更大的生产力，才能促进社会的进步与繁荣，竞争要求每个市场主体抓住自己的利益和优势进行发展。一些大学生把经济领域的要求，简单地运用到道德生活中，只追求个人利益而置社会利益于不顾，这就背离了我国集体利益优先的社会道德基本原则。

最后，市场经济具有平等性特点，每个市场主体都可以通过自己的努力获得相应的回报，一些大学生受该观点的影响，认为人与人之间也应该绝对平等，不应该存在党员或干部就应该为人民服务的要求。显然，这非常不利于大学生树立为人民服务的道德核心理念。

（二）市场经济对大学生道德观的影响

大学生的德育即教育者对受教育者有目的地施加道德影响的活动，主要内容包括提高大学生的道德觉悟和认识，使大学生陶冶道德情感，锻炼道德意志，树立道德信念，培养道德品质，养成道德习惯。中国社会主义的德育则是培养人民的社会主义道德品质，调整人与人之间以及人与社会之间的关系。社会主义德育的理想是共产主义道德，以集体主义为原则，以为人民服务为核心。而这些德育都在新自由主义思潮的影响下受到冲击，进而影响了我国一些大学生的道德观。

首先，大学生是一群比较特殊的社会群体，他们属于社会中正在成长的群体，容易受到各种因素的影响，因而，他们的道德取向比较多样，他们对新奇事物容易产生兴趣，能够同时认定多种道德观；其次，大学生缺乏社会经验，对社会现象的认识能力不足，缺乏批判精神；最后，大学生因为网络的影响，获取知识呈现碎片化的趋势，不容易了解事实的真相，面对新自由主义思潮"高大上"的语言文字游戏和美轮美奂的梦幻蓝图，一些大学生如果忽视了自身的修养，尤其是道德修养，没有从内心认同社会主义的道德观念，很容易接受新自由主义的错误道德观念。

1. **动摇了大学生社会主义道德理想**

社会主义道德理想是实现共产主义，共产主义是社会主义奋斗的最终目标。作为大学生，其应该毫不动摇地坚信我国一定能实现共产主义，这是关乎信仰的问题，也是德育必须研究的问题。习近平总书记多次强调青年是祖国的未来，高校有着培养社会主义建设者和接班人的使命，新时代下大学生能否有着正确的道德理想，关系着我国未来发展的命运。因此，德育必须关注大学生的社会主义道德理想是否正确。

2. **冲击了大学生为人民服务的道德核心**

为人民服务是社会主义道德的核心，同时也是社会主义人生价值观的核心，它的根本宗旨是为人民谋利益，无产阶级者的心中必须树立正确的奉献观念，在面对诱惑时，应该时时刻刻牢记为人民服务的要求。在新时代的发展背景下，大学生肩负着中华民族伟大复兴的重任，也是我国实现"两个一百年"奋斗目标、中国梦的中坚力量。大学生必须树立为人民服务的根本信念，这是时代发展的需要，也是大学生自身发展的需要。

部分大学生为人民服务的社会主义道德核心观念有待加强。部分大学生认为应该从自身利益出发寻求利益最大化，部分大学生认为做好自己不伤天害理就行，不用管其他人的得失，但是也不会损害其他人的利益。这无疑都是对我国的德育的负面影响，严重冲击了我国大学生为人民服务的道德核心。

3. **挑战了大学生集体利益优先的道德底线**

集体主义是我国优秀传统文化的典型标志，正是因为集体主义，我国才不断发展壮大。集体主义作为社会主义道德的基本原则，是我国永葆生机活力的内在动力，也是社会主义核心价值观的凝聚力量，更是实现中华民族伟大复兴的中国梦的基石。因此大学生需要自我明确国家、集体和个人利益之间的关系，当前者与个人利益发生冲突时，需要自觉地将自己的发展同集体的利益相联系，明确维护集体利益是对自己负责也是对集体的奉献。

综上分析，市场经济背景下我国部分大学生的集体主义观念比较淡薄，在面对集体利益和个人利益的冲突时，部分大学生忘记了社会主义集体利益优先的道德原则，选择了维护自身的利益，他们过分重视个人利益的获得，一切以"个人主义"为中心，置集体利益和荣誉于不顾。少数大学生不太乐意参加集体活动，对集体活动的认识存在误区，集体意识不强，集体行为习惯不好。

4. 引发了大学生物质享乐主义的道德行为

在市场经济的影响下，一些大学生的享乐主义道德行为日渐突出，需要得到相应的重视。大学生与其他的社会群体不同，部分大学生的享乐主义倾向的道德行为主要表现为：疯狂消费满足物欲的享受；通过网络享受短暂的感官刺激；学习上不发愤图强，不肯艰苦奋斗，拖延症严重，只想享乐。长此以往会使得大学生丧失艰苦奋斗的精神，损害大学生的身心健康，阻碍大学生对高层次精神生活的追求，破坏同学之间的和谐关系，危害整个校园风气。而我国的德育倡导的是艰苦奋斗的精神，以及用双手创造美好明天的道德行为，享乐主义与我国的社会主义德育的观念背道而驰。

5. 导致了大学生个人主义倾向严重

个人主义导致了我国大学生在处理个人与个人、个人与集体、个人与社会的关系问题时夹带着个人主义的倾向，完全地以自我为中心，不考虑其他人的想法，导致道德行为的失范，这一现象直接导致了社会道德关系的恶化。而我国的道德教育以和谐的社会关系为目标，希望构建一个和谐美丽的世界。这无疑又是对我国的德育的冲击。在新自由主义思潮的影响下，部分大学生在对待个人与他人的关系问题时，忽略他人的感受，只看重自己当时的情境，甚至有些学生完全活在自己的世界里，为所欲为。

在对待个人与集体的道德关系问题上，一些大学生不太注重别人的看法，集体生活对他们来说有点陌生。作为独生子女的学生刚离开家庭，对道德关系把握不准，容易引起关系恶化。

二、经济全球化背景下的高校德育发展

（一）国内外研究现状

1. 国内方面

中国的德育早在先秦时期就出现了。孔子作为中国德育的奠基者，最早提出

了德育应以"礼"为先；孟子在孔子的基础上，将德育扩展为"仁、义、礼、智、信"；荀子在德育上主张礼乐教育。以孔、孟、荀为代表的原始儒家更能反映儒家思想的原貌，其德育学说也更能反映儒家立德成人的真实意图。

古代先贤们对德育的特别重视，使得德育在我们中华民族一直广为流传，备受历代统治者的重视。中华人民共和国成立以后，我们伟大的中国共产党更是把德育提升到了前所未有的重视高度，强调党员干部必须把"德"放在首位。在国家的支持和鼓励下，德育理论研究的热度只增不减，各个时期、各个领域的学者们也就德育问题发表了很多颇具权威性的观点。

我国学者王琳在《全球化背景下中国德育与公民教育的契合研究》一文中通过对法国、美国、日本这几个发达国家的学校的公民教育进行较为详细的介绍，得出中国的公民教育需要在传承方式的灵活性以及权利意识的培养上向西方发达国家学习。李琳在《全球化背景下中国德育内容的创新》一文中在深刻细致地分析经济全球化对中国德育的影响的基础上指出，在经济全球化背景下，我国的德育应该从人权观、环境观、和平与理解这几个方面进行重点培养。邓加强在《全球化背景下高校德育面临的困境及出路问题研究》一文中真实客观地提出了当前我国高等学校德育中存在着内容不足、手段单一、师资队伍不强、学生重视度不高等发展困境。针对当前经济全球化背景下我国高校德育的发展困境，要在改进课程内容体系、完善德育方式和引入社会主义核心价值观等方面加强高校德育工作。王明明在《全球化背景下大学生德育价值取向研究》一文中指出，经济全球化背景之下，高校的德育应该改变以往单一的教育模式，要将全球性与民族性结合起来开展高校学生的德育工作，只有这样才能更适应新时代经济全球化背景下德育的实际需求，才能培养出更多人格健全、品质高尚、精神面貌良好的高知识型人才，以更好地为社会主义现代化的发展输送更多、更优秀的人才。马田媛在《多元文化背景下我国高校德育路径研究》一文中对日本、韩国、新加坡等国家的高校德育模式进行了较为细致的介绍，在以上国家先进德育模式的基础上，结合我国社会经济实际情况和高校发展状况提出了要通过加大对民族优秀传统文化的弘扬、创建健康文明的舆论文化环境和加强民族文化实践等方式不断完善我国的高校德育模式。全春花在《多元文化背景下我国大学生道德观教育研究》一文中提出多元化背景下的大学道德观教育应该尊重大学生的个性发展，尊重文化的多样性，发挥跨文化力量，吸收国外先进的德育理念，构建我国高校德育新方向。

2. 国外方面

德育这一词汇在西方的很多国家并不存在，他们的德育更多地体现在公民教育上。虽然德育一词并不常见，但是国外开展的各种爱国主义教育非常值得我们国家学习和借鉴。

西方的德育最早应该从苏格拉底的道德理论开始。自苏格拉底之后，西方德育发展史上又出现了两个极为重要的人物，就是卢梭和康德。卢梭提倡要尊重并追求人的自由和平等，康德主张教育要归于自然。

20世纪60年代以来，美国形成了以柯尔伯格、班杜拉为中心的几大德育流派，对美国乃至全世界的道德教育理论都产生了深刻的影响。美国的德育一直以爱国主义教育为中心，同时强调对个体权利的尊重，权利一直是美国德育中一直关注和强调的词汇。

日本的德育以神国思想为基础和中心，以培养具有完美人格的人为总体的德育目标。在德育的开展过程中，日本非常注重团体性教育，培养公民的集体荣誉感；也非常注重传统道德与民族精神的教育，培育公民的爱国主义和民族主义情怀。

英国的德育以弘扬平等和自由为主要内容。英国的德育还非常注重感恩教育，无论是在个人与家庭的关系上、个人与社会的关系上还是在个人与自然的关系上，英国一直将感恩家庭、感恩社会、感恩自然的理念贯穿在整个教育之中。

（二）多元文化对高校德育的冲击

文化交流的密切和经济的快速进步，使多元文化环境的创建成为当今社会发展的必然趋势，多元文化的形成能够弥补我国传统文化的文化空白，促进我国文化体系的丰富，但同时多元文化也会给我国社会人群带来一定的文化冲击，使其在多方文化的影响下改变自身的正确世界观、价值观和人生观等。大学生是我国的主要人才储备力量，且具有较强的文化认同感，是多元文化环境中易受到影响的主要人群。为了避免大学生在多元文化环境中产生负面情绪和消极思想，高校必须积极进行德育改革，引导大学生形成良好的社会主义核心价值观，自觉遵守我国的思想道德准则，能够正确辨别多元文化中的错误思潮，保证正确认知观念的形成，从而不断完善自身的思想政治成长体系，实现自身的全面发展。

1. 多元文化对高校德育的影响

不同于高校专业类学科的教学，高校德育是一个具有综合性的广泛概念，其设计的内容更为全面和复杂，针对的学生人群也具有全体性，因此高校在进行德育改革时要更加注重教育内容的合理性，进行教学内容创新，健全德育体系。多元文化是当今社会文化的必然趋势，在一定程度上对高校德育人员的思想造成了影响，教育人员必须根据社会的多元文化要求进行教学理念的更新，在教育过程中不断引进具有时代性的新文化，进行新旧文化的结合，使德育内容具有时代特色。这种教育方式能够明显改变高校传统德育中的落后性，带动高校德育的新发展，同时多元文化加快了各国文化之间的交流与融合，能够使各国文化中的优秀部分被发现，避免文化垄断现象的产生，从而保证优秀文化能够在德育课堂中被深入地讲解和分析，拓宽高校大学生的文化知识面，补充学生的文化知识，使学生具有更加开放和全面的文化发展眼光，以更加完善的思想观点面对社会。

多元文化的社会环境虽然对促进大学生思想政治的全面发展具有深远意义，但是其中所体现的多种价值观在一定程度也容易导致大学生短时间内接受大量不同的思想而产生思想意识的偏差，从而导致原先的价值体系受到影响，造成错误的道德观念形成。例如，我国的传统文化一直坚持和宣扬勤俭节约的思想，大学生也在该思想的熏陶下成长，但是近年来外国的享乐主义逐渐渗入我国，部分大学生出现了追求金钱消费、贪图享乐的现象，造成该部分大学生的生活奢靡，不符合我国对大学生积极健康成长的要求。此外，多元文化使大学生的独立意识和自我观念越来越强烈，部分大学生过度强调在校园中的独立和自由，不再遵循高校的管理条例，造成师生之间的冲突，对学生良好学习态度的养成和正常学习生活造成负面影响。

在德育活动开展的过程当中，存在着两个最为重要的主体，即教育者和学生。他们直接影响着德育工作的效果。

首先，经济全球化对德育工作者的挑战。在传统德育的实践中，我们对教育工作者的要求相对较低。德育教师一般只需要向学生宣传和推广积极的社会意识，把充满正能量的理论知识传授给学生，坚决抵制其他非主流思想。但受经济全球化的影响，广大教育者所处的德育环境越来越复杂，德育工作的开展也越来越具有挑战性，他们面临着众多的难题。他们难以接受新事物，对新文化主体和意识形态价值观的理解能力不强，导致德育内容难以适应学生的实际需求，对学生的道德问题无法回答。从长远来看，师生之间不可避免地产生了一些矛盾，多元文化主义给大学德育工作者的工作内容带来了极大的挑战，德育工作者唯有主动出击，积极面对多元文化背景下的复杂德育环境，多与学生沟通，多渠道吸收和学习新的思想观点，才能更顺利地开展德育教学活动。

其次，经济全球化对高校德育对象的挑战。大学德育中的对象——学生还正处于身心趋向成熟的特殊阶段。该阶段的学生可以在正确的价值观的指导下快速地建立正确的人生观和价值观。在我国对外开放之前，社会思想意识较为单一，学生面对一元的思想体系也容易理解和接受，践行德育理论活动也相对简单。在这种以教师为中心，缺乏民主和互动的德育体系中，学生是比较"听话"的教育客体。但随着经济全球化的到来和我国对外开放的不断深入，除了本国的民族文化外，大学生也受到外来文化和价值观的影响。由于大学生自身缺乏良好的选择和判断能力，以及教师缺乏正确、及时的指导，大学生群体中出现了个别学生的行为极端化、民族意识不强、爱国主义意识淡薄、信仰不坚定等问题。学生对教师的"崇拜"不再像之前那样强烈，他们开始向教师的地位发出挑战，使得师生之间的关系变得紧张对立，直接导致德育效果不尽如人意。

2. 多元文化促进高校德育改革发展

（1）保证高校德育的正确方向

多元文化的社会发展大环境已经成为必然的趋势，因此高校必须正视这一现状，抓住多元文化给学生发展带来的机遇，深入分析多元文化对学生思想政治学习可能造成的负面影响，做到提前规划与预防。

在多元文化的环境中，高校首先要确定自身坚持的教育大方向，在对学生进行教育时坚持主方向不动摇，以其他文化为辅助手段，对主方向进行补充和丰富，避免其他文化对主流文化造成负面冲击。我国作为社会主义发展中国家，坚持走中国特色社会主义道路，坚持中国共产党的领导，因此高校在对大学生进行德育时要引导学生学习我国的社会主义意识，了解中国特色社会主义的深层含义，增强民族自豪感和归属感，保证大学生能够明辨多种文化，坚持中国特色社会主义文化。

其次，高校要意识到多元文化能够开拓大学生的文化视野，使学生了解到不同的国家政体和治理思想，因此要对主要国家的思想政治意识进行讲解，使学生明白其他国家与我国在政治观念上的不同，明白我国现在推行的思想政治文化是由我国国情和发展目标所决定的，不能被其他国家影响而随意改动，通过教学坚定学生的政治信仰，确保学生的正确发展方向。

（2）进行德育方式的创新

不同于其他专业学科的教育，德育的内容涉及范围较广，具有综合性和复杂性，而且高校的德育面向全体学生，这就决定了德育要具有全体性，满足不同专业学生的思想政治学习需求。因此高校必须对传统的德育方式进行创新和完善，保证教育方式与多元文化的现代内容具有适配性，能够以科学合理的方式对学生进行思想政治内容的教学。多元文化改变了我国传统的以师长的话为标准的思想观念，高校开始逐渐推行师生之间的平等，要求教师在进行教学时关注学生的思想意识，保证学生在学习过程中的主体地位。这就要求高校在进行德育时坚持民主教育，改变传统的教师教学、学生被动接受的教学方式，引导学生主动进行德育内容的思考，并与教师进行积极的交流与沟通，建立新型的师生关系，提高学生在思想政治课堂中的学习主动性，加强学生的课堂参与感。

另外，网络技术的发展使大学生能够在网络上进行多种文化的了解，而目前我国在网络信息过滤方面尚未成熟，大学生容易受到错误思想的影响，因此高校要加强在网络文化方面的教育，在课堂中引入网络教学手段，对在网络上发酵的热点话题进行课堂讲解，对事件的深层思想和体现的文化现象进行分析，避免学生被网络评论引领思想。同时高校要建立专门的微信公众号、微博账号以及学校网站等，在互联网平台中进行德育，使学生能够在网络上接受正确的多元文化内容的教育，提高学校德育的全面度。

同时高校要积极开展与多元文化相关的德育实践活动，比如组织相关的演讲、进行影片播放以及组织社会活动，使学生能够真正地了解多元文化在社会中的发展现状，以及我国针对多元文化提出的发展策略，加深学生对多元文化的了解，使学生切实感知到多元文化与社会生活的关联性。

（3）营造良好的德育氛围

教育环境在学习生活中会潜移默化地影响大学生的思想和观念，使学生的思想政治水平逐渐改变，因此高校必须重视德育环境，营造良好的德育氛围。

一是高校要联系当地的政府部门和相关事业单位，在社会上积极进行社会主义核心价值观的宣传，在全社会普及我国的主流文化，强化学生对核心价值体系的认识，坚定学生的正确思想观念。

二是高校要营造良好的德育氛围，组织多种形式的思想文化活动，通过学生实际参与到多元文化活动中加强学生对多元文化现象的理解，使学生能够在多元文化中辨别优秀文化、规避错误文化。比如高校可以以院系为单位组织文化辩论比赛，使学生针对目前的多元文化发展现象进行正方和反方的辩论，在辩论过程中使学生认识到多元文化的正面和负面影响。高校也可以组织大学生进行文艺表演，在文艺表演中加入国外的优秀作品，将国外文化与中国传统文化在舞台上进行结合，使学生意识到文化交融的可能性。

三是高校要在教学基础设施中逐渐渗透多元文化和思政教育内容，如在教室、实验室和运动场的宣传栏中张贴相关的海报，在校报中发表多个国家的先进文化成就，加强图书馆在多元文化方面的信息储备，使学生能够在校园中受到多元文化潜移默化的影响，逐渐将多元文化与自身的德育结合起来，达到良好的学习效果。

多元文化形式已经成为当今社会必然的文化发展现状，给我国传统文化的发展弘扬带来了新的活力与契机，同时也对我国的文化环境造成了一定的冲击，使我国的文化发展出现了新的矛盾和问题。高校大学生对文化环境的敏感性较高，极易受到外来文化的影响，导致自身的世界观、价值观和人生观发生变化，因此高校要在多元文化的社会环境中加强对大学生的德育改革探索，保证大学生的思想政治发展。高校在进行德育改革时，一是要保证坚持我国的主流文化方向不动摇，在学生思想中厚植社会主义核心价值观，加强学生对我国优秀传统文化的理解。二是高校要正确分析其他文化的长处，借助网络手段、校内活动以及社会宣传等对学生进行文化的补充，拓宽学生的文化视野，增强学生的思想先进性，在学生正确发展的基础上丰富学生的多元文化知识，实现学生的全方面综合发展。

（三）高校德育发展的经济全球化视野

经济全球化背景下，复杂的国际环境给高校德育的改革和发展带来了更多的机遇和挑战。当前，学界对于在经济全球化背景下中国德育模式构建方面的研究文献并不多见，为了更科学、更系统地研究经济全球化背景下高校的德育，弥补学界研究的不足，丰富理论研究成果，也为使我国高校德育能更好地适应师生所需，要提出应对经济全球化的高校德育发展的对策。这样有助于对高校德育进行深刻反思，为经济全球化背景下我国高校德育教育提供参考，也有利于全面提升大学生的思想道德素质，为中国高校的人才培养模式提供新动力与正能量。

经济全球化对世界产生的影响深远且巨大，伴随着社会生产力的发展和科学技术水平的提高，全球化的发展速度也越来越快。当前经济全球化研究已成为全世界学术界关注的热点问题之一。经济全球化背景下高校德育模式的研究，有助于增强高校德育的实效性，对实施我国人才培养战略、优化高校德育培养体系、实施科教兴国战略有着现实的指导意义。因此，对于高校来说，提高学生的综合素质进而培养社会所需要的各行各业的人才具有长远而重要的意义。

三、高等教育改革背景下的高校德育发展

党的十九大报告指出，我国目前的教育任务是建设教育强国，以此实现中

华民族伟大复兴。基于这一教育改革背景，各大高校需积极贯彻落实党的教育决策，开展德育工作，为我国培养优秀的社会主义接班人。习近平总书记在教育大会上发表的重要讲话中提出，坚持将"立德树人"作为高校教育的中心内容，在高校教育教学过程中深度融合大学生德育工作，彻底贯彻全方位育人、全员育人教育理念，努力扩宽我国高等教育发展道路。由此可以看出，在教育综合改革背景下，我国德育工作具有重要地位，高校作为培养社会主义接班人的重要场所，应建立德育大格局，帮助大学生建立正确的社会主义核心价值观，提升我国国际教育地位。

（一）教育综合改革背景——落实德育路径

"教育强则国强"，自古以来培养人才是一个长期的过程，教育综合改革背景下的德育，更是一项需要长期坚持的教育活动。因此，高校在发展过程中，应不断强化德育理念，在教育教学改革过程中将德育作为首要任务。与此同时，高校还应以"立德业＋促人才"为教育核心，将"全方位"育人理念全面落实，并将其与"全过程育人""全员育人"同等看待。除此之外，对思政教育经验进行深入分析，认真总结成功原因与失败因素，在开展德育时以此为参考，并结合教育改革背景与大学生的身心特点，不断突破传统教育模式，积极探索德育创新的路径。

（二）重视德育——转变教育理念

以高校为视角开展德育，首先应对顶层设计进一步强调，对传统德育观念进行转变，打造出多教育主体、互督互促、协同育人的长期德育培养体系。教育综合改革背景下，外部环境对德育提出了严峻的考验。因此，站在高校角度上，应将德育放在发展战略决策中，将德育贯彻落实到顶层设计中，明晰德育培养方向；基于新时代中国特色社会主义核心理念下，将人类优秀文明成果紧密融合，为大学生建设出具有中国特色的思想品德教育体系。与此同时，高校应摒弃传统、陈旧、落后的教育理念，促使人才培养模式与德育体系更加符合时代的发展需求，将高校传统教育进行系统性的创新，深入探析产生教育问题的症结所在，并及时采取有效措施予以解决，从而使德育工作的实效性大大提升。

（三）结合专业素养——提升道德品质

高校德育是培养社会人才、促使人才得以全面发展的重要因素，高校不同专业教学中都要涉及德育，因此高校不同专业在培养人才时，应紧密结合高校、专业、学生三者的实际情况，既传承宝贵经验，又不断创新教育方法，促使德育更加符合时代发展要求。高校教育的最终目的是帮助学生日后就业与发展，因此，高校不仅要提升学生专业技能，同时还应提升学生专业素养。与此同时，高校在开展德育时，除了深入讲授道德、法纪、人文等内容外，还应引导学生培养心理素质与团队精神，促使大学生在面对生活、面对工作时，具备良好的职业道德与岗位精神。如此，不仅有利于提高学生解决问题的能力，还能提高其道德品质。

（四）参考岗位需求——丰富德育活动

高校在选取德育方向时，应以职业德育为基础，帮助学生通过社会实践提升自身能力，并在日后工作生活中，以职业为导向自觉修正自身行为。与此同时，高校还应重点培养学生的团队合作意识，为学生创造良好的道德环境，启发学生形成高尚的道德品质、规范行为意识、树立岗位精神等，通过渗透专业岗位需求，向学生倡导诚信品质，促使学生更快适应岗位，帮助学生提升自身的社会竞争力。

各大高校还可通过开展文化讲座、开设选修课等教育方式，向学生传授中国传统文化等，使学生通过强大的人文气息去深入学习德育理念，将人文精神的感性认识升华为理性感受，以此提升自身德育品质。

综上所述，高校实际开展德育工作时，不仅要将学科教育与德育紧密结合，不断丰富德育内涵，还应提升高校教师的综合素质。高校应深入分析自身情况，在各个领域、各个项目中深入融合德育，在专业教育中巧妙设计、合理应用、积极创新德育，以此保证学生在高校学习期间，不断提升道德品质、优化自身素养。

第三章 高校德育发展的现状审思

高校德育中存在德育内容单调、手段单一、缺乏实践、价值无法体现等问题，严重影响和制约了大学生的道德发展。学校必须通过丰富德育内容、探索德育新方法、加强和落实德育实践、充分体现德育在学习生活中的评价作用等来完善德育工作，提升大学生德育的实效。本章分为高校德育发展的主要成果、高校德育发展的现实困境、高校德育发展的制约因素三部分。主要内容包括高校德育的系统性逐渐完善、高校德育的开放性有所突破、高校学生德育现状、高校德育发展存在的问题等方面。

第一节 高校德育发展的主要成果

一、高校德育的系统性逐渐完善

面对国际国内复杂的形势，面对我国社会主义现代化建设的需要，为了确保高校在培养人才的道路上取得长足的进步，提高人才的整体道德素养，高校德育工作必须主动适应时代发展的要求，确保人才更好地适应社会主义现代化建设的需要。高校也在全力推进高校德育现代化，走上全面协调与可持续发展的道路。现阶段，高校德育的系统化正在逐渐完善，发生了历史性的转型。

（一）"以人为本"的德育理念达成共识

高校德育现代化的核心任务就是以人为中心，重视人的发展。在实现德育现代化的进程中，高校开始注重人文关怀，逐步形成了关心人、理解人、尊重人的良好氛围。大部分高校的学生工作部门普遍弱化行政管理职能，而加强了服务学生的职能，设立就业指导、心理咨询、学生活动等服务部门，直接面对学生为他们提供服务；从学生的自身发展和完善入手，通过教育手段的人性化、科学化培养学生道德自律的主动性，积极调动大学生的兴趣，把学生的创造潜能最大限度地发挥出来，把大学生道德修养的发展及人生价值的实现作为高校德育活动的根本出发点和归宿；建立学生思想反馈渠道，为大学生发表见解和交流思想问题搭建了平台，并依据学生的意见有针对性地、合理地调整思想政治工作的内容方法，体现了对大学生的充分尊重。高校逐渐加强了学生宿舍文化建设，特别注重发挥学生自我教育、自我管理、自我服务的作用。高校德育的工作方式也由"人伦规训"逐渐向主体创造转变，注重发挥大学生的主体作用，使德育逐渐向人性化教育过渡。

（二）"互动式"的德育过程日益受到关注

高校德育现代化教育理念的发展其实是一个传统教育理念向现代化教育理念转变的过程，也就是教育主客体理念不断进步和融合的过程。互动式的德育实践，突出学生的中心地位，而不再像传统德育方式那样由学校和教师主导。德育关系体系中，教师和学生要建立一种新的关系，教师要从"独奏者"的角色过渡到"伴奏者"的角色，从此教师的主要职责不再是传授知识，而是引导学生去探索、组织和管理知识，辅助他们而非塑造他们。在传统的德育过程中，教育的手段和方法就是教育者把教学内容单向传授给受教育者，而受教育者要对教学内容和相关知识无选择地接受。

另外，互联网技术的发展和普及，为高校德育提供了现代化的手段，有效地利用网络手段，可以使德育工作者及时、准确地了解大学生们关心的热点问题和思想动态，进行有针对性的沟通，及时获取大量有价值的信息，发挥出学生的主体作用。高校也努力丰富思想政治教育的资源，开展了形式多样、生动活泼的思想政治教育活动，满足学生成长成才的广泛需求。

可以说，网络环境为高校德育现代化的实现提供了新载体。高校德育的现代化把教育理念带入一个崭新的阶段，使其从外在灌输过程向内在生长过程转化，由被动接受方式向平等建构方式转化。教育者通过科学合理的手段和方法把互动理论运用到实际的教学工作中，真正实现了"以人为本"的教育理念，从而形成了平等、融洽的教学氛围。互动式教育理念的进一步深化，很大程度上调动了受教育者参与的积极性，提高了德育工作的实际效果。因此，高校必须抓住德育现代化发展的客观规律，打破传统的教育理念，牢牢把握受教育者的社会需求，积极推进互动式教育理念的运用。

（三）"全面育人"的德育实质得到了体现

我国高校德育与时俱进，已经形成了以马克思主义为指导、以理想信念教育为灵魂、以民族精神教育为动力、以综合素质教育为主要内容的思想政治教育系统。从德育目标的设定到德育内容的更新，以及德育实践方式的改革等，都体现了"全面育人"的德育实质和"全面育人"的丰富内涵。以促进大学生全面发展为目标，高校德育现代化的内容体系贴近实际、贴近生活、贴近学生，具有时代性，包括理想信念教育，世界观、人生观和价值观教育，促进大学生人格的全面发展；全面育人的德育理念立足中国国情，具有鲜明时代特色，重点关注了当代大学生容易出现的相关问题，紧密结合大学生实际思想动态，内容涉及了政治、思想、道德、心理及日常行为等诸多方面，为在新时期开展大学生德育提供了依据。

二、高校德育的开放性有所突破

随着德育现代化理念的不断演变与发展，高校传统的德育功能已经不能适应发展的需要，因此高校打破过去僵化、封闭的局面，教育理念不断更新，在着眼全球、不断创新的基础上取得了更大的突破。高校通过对德育理念的不断研究，认识到了德育现代化的必要性，而德育现代化不打破过去的老观念、老模式，很难实现真正的现代化。

德育现代化必然要注重德育内容的创新和发展，实现对不同层次、不同需求的教育对象的全面重视。德育现代化在不断采用新技术、转变新观念的过程中始终没有忽略调动德育对象的主动性，同时也打破高校的狭隘范畴，不断地走向社会，走向全球，所以在一些方面取得了很大的进步和突破。

（一）德育理念呈现与时俱进的发展态势

我国高校的德育现代化，极大地丰富了广大学生的精神世界，拓宽了他们的视野。随着社会的进步，网络时代来袭，高校德育内容要在相对稳定的基础上谋求发展。只有掌握了国际上的先进理念，才能更好地对大学生进行教育，才能拓宽学生的视野，对学生进行爱国主义教育，增强其国家安全防范意识。德育现代化有利于更新德育观念，把封闭的观念转变为开放的观念，从而跟上时代的步伐。我国高校能够在这一方面更新观念，能够快捷准确地把握先进理念，真正做到与时俱进。

（二）德育现代化理念不断更新，把创新作为发展的动力

德育现代化理念的更新，是德育现代化开放性的又一个具体体现。而创新则

是推动理念更新的源动力，我们整个民族乃至国家的进步也是在不断的创新中实现的。高校德育现代化理念也不例外，多年来高校通过对德育理论的不断完善和更新，把科学技术和现代化的教学理念进一步融合，使得大学生的德育观念普遍加强，能够更好地适应社会发展的需要。

我国要建立创新型国家，就必须在高校德育现代化的进程中把培养创新型人才作为德育的重要理念。大学生肩负着中华民族伟大复兴的历史使命，他们也是接受现代科学技术教育的主要群体，因此高校已经行动起来，把培养大学生的创新能力、帮助他们树立创新意识作为德育现代化工作的重要目标。高校通过为学生创造良好的创新环境、调动学生求知的兴趣，帮助学生自主学习，为学生营造良好的学习氛围，激发广大学生的创新勇气和创新能力。

（三）基于传统道德文化的德育现代化生命力越发旺盛

德育现代化不能脱离传统的道德文化环境。我国的传统道德文化以儒家道德思想为主要内容并融合各个时期、各个民族优秀文化元素而形成系统的伦理道德教化体系和价值行为标准。从时代发展的角度来看，德育要能够结合社会发展和学生成长的需要，对学生进行中华民族优秀传统道德文化教育，选择、融合其他民族的优秀道德文化，真正实现德育的现代化。中国传统文化对于塑造民族精神、增强民族凝聚力具有重要作用。在弘扬优秀传统道德文化的同时，还应理性包容其他民族文化，培养学生能够对其他文化理性地进行价值判断，选择和吸收外来优秀道德文化的能力。经济全球化也带来了文化多元化的冲击，高校德育要使学生掌握判断的标准，以期共同完善现代化的伦理价值观。

第二节　高校德育发展的现实困境

一、大学生德育现状

针对目前影响高校学生就业创业的思想状况、道德观念的各类因素，对大学生的德育现状可以从社会环境、学校教育、家庭影响和个人认知四个方面进行分析。

（一）不良社会风气的浸染

社会环境作为学生生活、工作不可避免的环境因素，对于高校学生的价值观念、道德素养具有重要的影响，特别是近年来随着我国改革开放和国内外文化交流的频繁，个人主义、拜金主义、享乐主义以及一些依附于网络传播的各类不当言论不断浸染和毒害着大学生的思想。由此可见，复杂的社会环境的不确定性对高校学生的德育具有一定的影响，也往往会产生众多负面的德育效果。

（二）家庭德育的缺失

家庭德育作为学生德育生活的起点，家长的言行举止、家庭的德育氛围等对于学生具有潜移默化的重要影响，是学校德育、社会德育无法取代的。尽管高校学生步入高校以后与家庭接触的时间较少，但是很多家长在就业、创业以及职业道德等方面的观念，以及对学生德育的认识和重视程度，对学生的德育仍然发挥着重要作用。目前部分高校学生的家庭德育缺失，甚至在学生就业创业中将一些利己主义、拜金主义、现实主义等思想灌输给学生，不利于学生正确价值观念的养成。

（三）学校德育存在片面性

目前，高校的德育主要存在两个方面的问题：一是德育基本集中在时间有限的思政课程教学中，没有其他基础课程、专业课程、顶岗实习贯穿思政教育，没有在学生的校园生活中融入德育观念；二是德育教学内容过于单一、片面，基本是局限于思政课程的教材内容等方面，而对于学生的择业价值观、就业创业思想、职业道德等内容则鲜有涉及。

（四）学生个人认知存在非理性

高校学生虽然具备了一定的文化知识和专业实践能力，但仍相对片面，特别是在创业择业方面的考虑缺失理性，一味追求好城市、好单位、好岗位、好待遇，而对于未来的职业发展、个人的理想信念、国家的发展需求等考虑较少。对于现实问题缺乏理性、长远的分析，使得大学生在就业创业的过程中往往会受到一些错误的思想观念的迷惑，从而陷入种种误区。

二、高校德育发展存在的问题

（一）德育目标与学生实际生活不符

高校德育的目标是教育大学生增强责任感，引导大学生矢志不渝听党话跟党走，争做社会主义合格建设者和可靠接班人。这一目标在宏观上指明了大学生德育的方向，但与大学生的实际生活有一定距离。

人的道德需要是分层次的，有高、中、低之别，对大学生而言也是如此。当前，高校德育往往更注重满足高层次需要，而忽视了大学生的低层次需要。因此，常常让学生觉得德育目标与自身无关，与自己的学习生活无关，感觉目标笼统抽象，也就是当前学生所认为的"高、大、上"。因为看不到具体且容易实现的目标，便觉得自己无论怎样努力也不可能实现目标，因此也就极易失去追求德育的积极性、主动性。德育是教育的重要组成部分，也就意味着德育目标是教育目标的重要组成部分，德育目标在德育实施过程中具有指导功能，对德育过程有着引导和控制的作用。因此德育目标的抽象化极大地影响着德育工作的实效性。

1. 德育目标的构建需考虑价值取向

大学生德育目标的价值取向应该坚持"以人为本"。"以人为本"就是以学生为本，把大学生作为教育的目的和本质，是当代大学的教育哲学观。大学的主要目标应是育人，而并非制作"工具人"，是为了培养人才，而并非为了制作无感情的工作机器。大学生作为一个人应是有思想、有感情、有个性、有精神世界的。工具是一物，物则是呆板的，即使是高档的昂贵的工具，它所具有的也不过是人们赋予它的复杂而精巧的功能或程序。如果我们只是盲目机械地教育人，不对其精神世界、感情世界加以关注，那么就失去了德育本该有的意义。

因此，缺乏以人为本的教育精神是高校德育实效性低的思想根源。培育学生独立思考的能力是德育的重要任务。教育家蔡元培曾指出："教育是帮助被教育的人，给他能发展自己的能力，完成他的人格，于人类文化上能尽一分子的责任，不是把被教育的人造成一种特别器具，使抱有他种目的的人去应用的。"对于每个不同的人来说，为了提供不同的教育环境和条件，应该尊重学生的兴趣、爱好和个性特征，注意培养和保护学生的独立人格，同时实施"个性化德育"。传统的德育目标一直以来都在强调整体性、模式化，对标准、内容、形式与方法都进行了统一。其弊端所在则是并未全面思考德育是对不同个体的工作，每个人都有其不同的特点、鲜明的个性特征。因此，必须尊重人的个体性、多样性、差异性，开展个性化德育，促进学生的全面发展。

2. 德育目标的构建需考虑社会发展需要

道德知识的学习、道德情感的培养、道德意志的锻炼、道德行为的实践等都是德育目标的不同方面，在这之中道德判断能力与道德行为选择能力的培养是极为重要的。随着社会的发展变化，不同的价值观共存成为社会的普遍现象，不同的价值观之间的冲突、碰撞、融合也时时发生。这也就要求人们在这些冲突、碰撞、融合中辨别、判断正确的价值观并做出自己的选择。因此，德育要根据国家、社会根本任务的变化而做出适时调整，必须重视培养学生的道德行为选择能力。

3. 德育目标的构建需考虑学生的身心特点

德育实效性难以提高的重要原因之一是对大学生群体的身心需要缺乏科学合理的分析。首先，针对不同年龄阶段的学生所具有的德育基础、道德需要等状况所确定的德育目标才具有实现价值。其次，根据学生身心发展的特点和规律，应由低到高、由表及里，逐步形成层次分明的德育目标，体现德育目标确立所需的顺序性。

4. 德育目标的构建需符合大学生道德形成规律

德育目标切忌过于理想化，不可以脱离学生道德的实际。不能以为目标设定越远大越好，不能认为目标越远大、越超前，学生的思想境界就会越高。与此相反，这可能会导致学生对最基础的道德规范都无法明确，是非标准不明确，从而产生相反的效果。

德育目标的理想化导致其与大学生认识中的德育存在一定的差距。理想与现实的交替也容易使得学生接收错误的理念。大学是大学生进入社会前的最后一站，也是其系统接受教育的重要阶段，如果他们发现学校德育的目标、内容等与现实差距较大，甚至互相冲突，那么他们会对大学时期的德育产生严重怀疑。因此，在德育目标的确立上一定要注意切忌过于"理想化"，切勿为学生带来错误的影响，为学生日后的生活带来失败的体验。因此大学生德育目标与实际生活的结合是至关重要的，只有如此才能切实提高德育的实效性。

（二）德育教学理念创新不足

在中国传统教育观念中，高校德育工作者的基本工作是进行"灌输式"教育，受以往传统教育思想方法和工作方法的影响，出现了"灌输重于沟通"的思想，然而"灌输重于沟通"的思想与"以学生为本、以课堂为本、以沟通为本"的德育模式相反，使学生和教师处在一个不平等、不稳定的关系中，学生只知道一味地接受教师的教育，服从教师的指导，长此以往，学生与教师之间的关系越来越淡，距离越来越远，德育效果就会受到影响。这种教育观对当今的大学生群体来说是错误的，因为当今的大学生群体思想独立，具有探索未知事物的渴望，同时渴望表达自己，展现自己的闪光点，传统教育方式不适应当前大学生的思想，容易引发大学生对德育工作的抵制与排斥。

（三）德育内容与现代化发展要求不符

进入新时代以来，随着经济的快速发展，社会的各个领域发生了翻天覆地的变化。但高校德育的内容并没有与时俱进，因此导致高校德育落后于当前时代发展的步伐。因为缺乏对教育对象和对实际生活的深入分析和论证，在一定程度上来说，德育内容脱离了大学生的现实生活，这也就导致了高校德育的内容落后于时代和社会的现实需求，不符合新形势下大学生的成长特点和思想状况。

伴随着社会主义市场经济的发展，其负面影响也随之而来。拜金主义、享乐主义、极端个人主义等思想观念对一些大学生的影响十分严重。尤其随着信息社会的到来，更加快了当前负面信息的传播速度。当高校的德育内容与学生的日常生活没有密切联系时，对于学生可能面临的各种"德育问题"就不能进行正确的指导和解决。例如，在日常学习、人际关系、就业等方面，如果道德矛盾和冲突发生，大多数学生依然不知所措，在当时无法运用所学知识具体问题具体分析。德育必须具有针对性和实效性，否则就无法为学生提供解决理想与现实问题的方法，高校德育培养大学生人格的重要功能也会随之失去。

当前，我国高校德育的发展与经济全球化、人类命运共同体等发展现状有一定差距。因此，必须构建面向世界、面向未来、面向现代化发展要求的德育内容。经济全球化为大学生的德育带来了新的理念、新的观点、新的要求等，因此在确立德育内容时应该对这些因素多加考虑。在经济全球化背景下，我们应该充分借鉴、学习西方先进的德育理念、内容、方法等，融合中华民族优秀的德育经验、内容、方法，这样才能达到良好的德育效果。

（四）德育方法与时代发展要求不相适应

德育方法不单单是德育过程的核心问题，更是实现德育的一个重要方面。传统的德育方法是在我国应试教育背景下使用的，这也就导致了这些方法更多强调对受教育者的道德知识灌输，更多强调受教育者的顺从，这一教学模式更多呈现的是教育者对受教育者"填鸭式"的教育。仅仅注重道德知识灌输的"填鸭式"教学方法也较易引起家庭教育、学校教育与社会教育之间的冲突。高校教师在开展德育课程教学的过程中，注重德育知识的传播，以知识为中心，忽视学生的现实生活，忽视学生的真正生活，无意识地将学校与社会分离，忽视学生在现实生活中所能够接受的道德锻炼。

总的来说，目前的单一德育方法与新时期的德育目标不一致，在一定程度上影响到德育课程的实效性。"灌输式"的学习方式已经在某种程度上脱离了学生的实际需求，这样的形式也已经无法适应时代的发展要求，因此在社会中开展德育实践活动是必要且必需的。

随着信息化、网络化时代的到来，不同文化、价值观念等可以快速交流、沟通，但也极易带来文化多元、价值观多元之间的冲突，甚至让人无所适从。在这种状况下，教育方法的更新是必不可少的。网络的快速发展给人们的生活带来了极大的便捷，人们对于各类信息的获得也更加快速，且更具实效性。网络成为大学生生活中必不可少的一部分，对大学生的日常生活产生了巨大的影响。网络所带来的高效、便捷，更容易激发学生的学习兴趣。空间的扩大使学生不再拘泥于单纯的书本知识，而是拥有了更多的选择。以往我们的教学内容多通过教师口述、书本、报纸等渠道向学生传达，长期下去学生也会厌倦，从而难以达到较好的教育效果。许多教师在传统"师道尊严"的文化熏染下，把大学生当作自己的"晚辈"，无形中形成了一种居高临下的心态，自认为凭着多年的教学经验、凭着对教材的理解掌握，教这些"新兵"绰绰有余。甚至有些教师认为自己所讲授的就是正确的判断标准。这样就导致在授课时以单向灌输为主，学生始终处于被动和从属的地位，与学生的互动很少。这种片面的、单向的灌输，极大地遏制了学生创新思想和参与能力的发展，大学生的主体性难以发挥，甚至使学生逐渐产生强烈的逆反心理。而且，在这种教学方式下，学生不敢质疑教师，教师从心理上很难接受被学生质疑。这直接导致学生知行脱节，严重抑制了学生的个性发展，影响了创新人才的培养，从而难以培养学生的创新思维和创新能力。

（五）德育评价机制不完善

目前，学术界对德育评判的定义有两种。狭义的德育评判关注受教育者在接受德育时所取得的成果、存在的问题，强调德育的终极效果。广义的德育评判既注重教育效果，又关注受教育者在德育全过程的表现，对受教育者进行全方位的综合评判。这种教育评判是狭隘的，并不能从整体上准确地评判学生。一方面，一部分学生拥有异于常人的记忆能力，死记硬背是这些学生的强项，异于常人的记忆能力使他们在考试中拔得头筹，但他们并没有真正理解德育的本质。另一方面，测试只能考查学生对德育理论课知识的掌握情况，而不能考查其真正的道德修养和实践能力。

（六）德育环境与环体合力目标尚有差距

大学生德育环境是指围绕并影响着大学生道德品质形成、发展的环境要素总和。人类的实践活动与环境之间是相互影响、相互作用的，而且这种影响是综合性的。当然，环境最直接影响的是利益。"人们奋斗的一切，都同他们的利益息息相关。"大学生的德育实践活动丰富多彩、错综复杂，呈现出一种综合力在影响着周围的环境，而周围的环境系统也会反作用于它们，从而产生综合性的效应。马克思主义也认为，人们接受环境的影响不是消极的、被动的，而是积极、能动的实践过程。在这一过程中，利益因素是大学生最为关注的。实现自身利益最大化是每个人做出决定前所优先考虑的。随着社会主义市场经济的不断发展，利益主体更加多元化、利益群体关系更加复杂化，各种社会利益矛盾与日俱增，这给大学生的利益选择带来了很大困难。由于社会环境中追求个人经济利益最大化的现象不断出现，学生在社会中接收到的负能量信息更多，导致逐步影响清净的校园生活，也使得学生个人利益至上的观念不断出现。学生对事物的选择也更加偏向现实化，实际获得的利益才是他们最为看中的，而人们眼中的成功标准，也在不知不觉中被更改了。

校园环境以"滴水穿石"的方式潜移默化地影响着大学生的身心健康，当前，我国高校正面临着国际化、市场化的竞争压力，全球高校之间、国内高校之间在人才队伍、科研经费、社会服务等方面的竞争不可避免，这也就导致高校存在不同程度的轻视或者忽视德育的现象，无论是教师还是学生都更注重科研成果的获得。在这样的校园状况下，也就导致了学生更加注重专业知识技能的学习，忽视了德育方面的学习。随着经济的飞速发展，现代化的教育技术也在不断影响着大学校园，无论是课堂之上还是下课之后，学生的生活和学习早已无法离开网络。在这样一种情况下，学生相比教师有更多的时间和精力去从网络上获得各种不同的信息，而其中难免会有与教师课堂讲解相悖的理论，从而容易导致学生在思维方式上产生混乱。而网络信息难免会夹杂不良信息，负面消息对学生的影响是巨大的，容易导致学生在德育建设方面受到影响。

家庭环境对学生的影响是巨大的。家庭教育贯穿人的一生，这是学校教育、社会教育等无法替代的，在人的性格、品质等方面的形成、发展过程中，甚至是其他教育所无法企及的。在学生的成长过程中，家庭环境的状况对其健康心理以及性格的形成都具有重要影响。在家庭环境中的父母是"教育主体"，起主导作用，孩子则是"受教育者"，接受父母的教育。当然，这种主客体划分是相对的，而且他们之间相互影响、相互作用，有时主客体之间还会转换。

因此，父母对孩子的教育方法、内容，对家庭环境的创造等对孩子的德育是极为重要的。如果父母的教育与孩子在日常生活中所接受的教育存在差距，那么会容易引起学生的反叛心理。同时有些家长为了与他人进行比较，强迫孩子学习，也难免会起到相反的作用。大学时期学生的独立意识增强，但是又离不开家庭的支持，尤其是经济帮助。因此，在独立意识的支配下大学生内心想活出全新的自我，以独立的姿态在社会中交往，但是由于其无独立经济来源，因此其独立人格受到限制、怀疑。这常常让大学生充满苦恼。这就要求家庭支持、父母理解，尽量为他们良好道德行为的养成营造宽松的环境。

总之，大学生在良好道德形成、发展的过程中，所接受的家庭教育、学校教育、社会教育在目标上、价值追求上应该是一致的。对于德育而言，德育环境既是引发德育活动的动机，又提供了德育活动开展的条件；既影响德育活动的过程，又体现着德育活动的功能和价值。德育环境是德育活动及人的品德形成和发展的外部条件、客观基础。德育环境不仅决定德育的指导思想、目标、方针、原则，而且提供德育实施所需的原材料信息、场景，构筑了德育切实可行的"教育平台"。

（七）缺乏专业的人才队伍和专项资金

①部分高校对运用新媒体来进行大学生德育工作的重视程度不足，投入的人力、物力和财力资源非常有限。高校在进行德育工作时，缺乏专业的新媒体运营者来支持德育工作的开展，依旧采用传统的灌输方法，忽略网络新媒体对大学生行为观念的影响，使德育工作很难充分发挥作用。

②高校缺乏既善于运用新媒体技术又具备丰富教学理论的德育工作者。德育工作者虽然在课程理论上很熟悉，但是对学生使用率高的新媒体平台并非都擅长，甚至有的德育工作者不愿使用和探索新兴手段。这不仅不利于学生对德育学习兴趣的提高，而且还不利于适应新时代下的德育新要求。在新媒体环境下，大学生可以跨过教师直接从网络平台获取知识信息，并且学生对德育教师的教学观点不一定完全认同，使得德育工作者的权威性受到挑战。

（八）德育实践体系存在问题

1.德育实践的定位和内容存在问题

（1）德育实践的定位不准

一是德育实践在德育体系中没有被放在突出的位置上，德育实践普遍被认为是课堂知识教育的补充，通常被定义为"第二课堂"，成了理论教学的补充或是扩展。高校没有意识到其实德育实践活动应该是独立自主开展的一项系统性的课程，往往将德育实践依附在课堂教学的基础上，这也就限制了德育的功能和作用的发挥。

二是德育实践的内容和实施细则不明确。德育实践活动是一项系统性的工程，需要有较好的规划性和计划性，需要制订和完善一个长期实施细则，而当前的德育实践活动随意性强，缺少有计划地组织和实施，对学生实质性的指导也很难达到预期效果。

三是在德育体系中德育实践的内容针对性不强。当前高校德育实践缺少针对不同年级、不同群体的实践平台，没有考虑受教育者的群体差异性，即便开展了德育实践活动也不能做到有针对性，这就失去了教育的目的和意义。

（2）德育实践的内容层次不清晰

高校德育实践活动大致可以分为六个模块，既理想信念教育模块、文明修身模块、安全健康教育模块、社会实践模块、创新创业教育模块和职业发展教育模块，这些内容之间既相互联系，又相对独立，其目的都是使当代大学生具有健全的人格和心理，具备引领社会发展的能力、处理纷繁复杂的社会问题的能力、协调人与人之间的关系的能力等。德育实践的最终目的不仅仅是让学生养成好的学习习惯，更要帮助他们确立实现伟大复兴中国梦的宏伟志向。因此，高校德育实践必须在内容的层次方面有所区分，才有可能在针对性和实效性方面有所突破。

（3）德育实践内容缺少新意

党的十九大提出了高等教育要明确为谁培养人、培养什么样的人的重要历史任务。当今大学生的思想观念在不断地更新，而德育实践也应该与时俱进，推陈出新，从而在内容上具有时代性，符合时代发展的需要。德育实践的开展应该尽量避免或是减少传统的政治化特点，德育实践活动应更加贴近生活、贴近学生、贴近日常，让学生在日常生活中潜移默化进行实践锻炼，通过学生们关注的焦点或是感兴趣的话题，把学生的精力和目光吸引到德育实践上来。高校应通过增加一些诸如全球经济与可持续发展、知识经济与经济全球化、互联网经济等当今时髦的话题，让学生参与到实践中来，让他们通过新颖的实践内容找到自己想要的内容，对传统的规范进行新的审视，剔除不符合理性发展和时代发展的因素，将一些已经被社会淘汰或是已经远离人们日常生活的德育实践内容删减掉，从而使其适应时代的发展。

2. 德育实践形式单一

德育实践形式单一体现在德育实践活动的"自我服务"方式单一和德育实践活动与社会发展脱节两方面。

（1）大学生德育实践活动的"自我服务"方式单一

了解社会对人才的需求是德育实践活动的重要功能，培养学生独立自主的学习能力、坚韧不拔的意志以及自我教育、自我管理、自我服务和适应社会的能力是德育实践的主要功能。

当前，大学生德育实践活动方式日趋丰富。高校通过举行演讲比赛、辩论会、红歌会、文艺汇演、大学生校园文化节、收获金秋、科技创新活动节等一系列德育实践活动，增进了大学生对国情的认识和理解，陶冶了学生的情操，增强了学生的社会责任感和认同感。但是，大学生德育实践活动的自我服务方式单一。

（2）德育实践活动与社会发展脱节

实施大学生德育实践活动的最终目标是促进大学生良好道德品质养成，使其能够适应未来社会的发展需要，因此，德育实践应同时关注专业技能和生活技能的社会化。然而，我国大学生德育实践活动更注重专业技能方面，认为专业技能更好地适应社会的发展才是高等教育的初衷和追求，往往忽略了德育实践的社会化进度。

当前，国内高校普遍开展的大学生德育实践活动，往往以简单的社会事务为依托，而真正的培养学生独立自主能力和社会适应能力的实践活动较少，这就导致很多离开大学校门的学生刚一进入社会就表现出了很多的不适应。相比很多西方国家的德育体系，我们的德育实践活动就显得与社会发展脱节。

第三节　高校德育发展的制约因素

影响德育现代化发展的原因错综复杂，而且涉及的层面和领域较为广泛。辩证唯物主义认为，事物的发展是内外因共同作用的结果，内因是根本，外因是条件，内因决定着事物的根本属性，外因推动着事物的发展，外因通过内因起作用，因此只有找到内部原因，并结合外部条件，才能有效地解决德育所面临的问题。

一、高校德育现代化的认识方面存在偏差

只有认清什么是德育现代化，才能从理念上重新审视德育现代化，才能从行动上积极践行德育现代化。

（一）对德育现代化的概念理解不够透彻

目前，对于高校德育现代化的理解大部分还停留在将德育过程中的各个要素简单冠以"现代化"之名，而缺乏对现代化实质的理解和践行。

对于"现代化"的理解有几种代表性的误区：一是停留在时间维度上的"当

前""现在",极偏颇的文字表象上的理解;二是抛开传统与继承,完全照搬西方的社会价值判断;三是孤立地关注德育实践体系中某一要素的现代性和创新,而忽视了德育实践的系统性和连续性。

高校德育现代化是中国社会现代化历史发展的必然,德育只有符合时代的发展和进步,才能形成可操作性的高校德育实践体系。德育实践体系如果不能从理念上认清德育现代化的实质,仅仅是概念上的生搬硬套,不能够从中国现代化的实践出发,也将无法实现真正意义上的德育实践科学体系。

(二)对德育现代化面临的形势认识不够

不管是高校德育的教育者还是受教育者都要明确德育现代化所面临的严峻形势。德育的国际化视野,对我国高校德育现代化具有双重影响,在接受先进教育思想和理念的同时,要提防腐蚀受教育者的思想泛滥。

因此,教育者要看清形势,做好长远打算,帮助学生去伪存真,教会学生辨别是非;受教育者要努力提高自身的政治素养,提高辨别是非的能力。为了确保我国高校德育现代化向健康的方向发展,教育者和受教育者都应该充分了解和认识国内外的政治、经济、环境状况,做好应对各种形势的充分准备。

(三)片面强调德育地位而实际孤立对待

我国对德育地位的表述历来强调"为先""为首""首要""重要"等,显然,各种不同的表述都说明历史上各个时期对德育的重视程度和所做的努力。德育具有不可忽视的重要地位。然而理性审视之后,我们发现德育"为首""为先"等表述已经成为某种惯性,而在工作中经常被放置在书面文件或者口头报告的显要位置,在实际操作中往往使德育陷入孤立的"无位"状态,德育成了一项高不可攀的工作。

德育的尴尬局面还与当代学校教育的另一项重要职能相关,即对学生进行除了"德"之外的"才"的培养,而后者似乎在学校、家长以及学生个人来看更为重要。为了使学生成为激烈竞争中的赢家,学校更着力于使他们具有某一领域、某一方面的专门知识和才能。德育在这方面的作用弱化,也就自然地被判定为"无用"的教育,落到表面"重视"而实际"忽视"的尴尬地位。

德育的地位并不是依赖简单的政策文件而规定的,把德育当作整体教育之外的独立存在,割裂德育和其他教育之间的联系是与培养学生"全面发展"的目标相悖的,合理审视并理性评价德育的地位和作用是避免德育陷入困境的前提条件。

二、高校德育现代化的实践体系要素间协同度低

高校德育的性质和内容决定了其是高等教育的重要组成部分，同时，它本身也是一个相对独立的复杂系统，是由多种因素共同构成的统一体。高校德育的实践体系，涉及理念要素、主体关系要素、内容要素、工具要素、环境要素等，要素间存在着复杂的耦合关系。

要想提高高校德育的实效性，必须围绕高校德育的总体目标，发挥作为一个系统的整体协调性，系统中各个子系统的功能和它们之间的相互关系都要从系统整体的角度来加以协调和控制。高校德育是一项系统工程，为保证和形成系统的整体优势，必须按照系统的整体性和环境适应性原则，有效配置各类资源，调动各方面积极因素，相互协调、相互配合，发挥实践体系要素间的协同作用，做好德育工作。反之，系统的无规则状态将影响到高校德育的实效性，更阻碍全面人才培养目标的实现。在德育实践中，构成系统的各个要素之间的协同度将会直接影响高校德育的实效性。

目前，我国高校德育实践体系的各子系统间的协同度相对较低，基本停留在各自的实践完善过程中，忽视了高校德育各要素之间的相互作用和彼此影响。在德育实践中体现更多的是注重专门化、局部化的建设，缺乏系统性思维、关系性思维，没有将大学德育体系放在整体社会系统中去考虑。

（一）高校德育与学校整体教育相对独立

德育是学校教育不可分割的重要组成部分。现实生活中，德育往往与学校教育的其他部分割裂开来，甚至被"孤立"地对待。除任课教师和专职的辅导员之外，其他各方参与程度非常有限，德育被看作少数人承担的工作。现实中学校需要组织单独的德育教学系统，德育实践活动往往与教学相脱节。教育和管理是学生德育工作中的两个方面，二者关系密切、不可分割。从学生德育实践的角度来说，德育的合理模式应在于组织协调各种力量，使之形成合力，发挥各部分在整体中的作用。教育和管理同样必须形成有机的整体，并进行整体控制，相互促进、相互制约，这样才能较好地发挥德育管理系统中各部分的作用，实现系统工作的整体性效应。

（二）高校德育的实践体系内部缺乏整体效应

传统德育实践更多基于"外化"作用，表现为强调灌输、主导，忽视实践、内化和情感等问题。在德育体系建构上，由于忽视了受教育主体的内生动力和他

们的个体差异等具体情况，高校德育往往流于形式和低效。我国传统德育中"知识本位主义"的倾向，将德育片面地解读为教师将道德知识讲解、传授给学生，而学生在被动接受的情况下对其熟练地背诵、记忆。道德素养的评价也运用传统的评价方式，依据考试分数对学生做出评判，导致现代德育走向抽象、虚假的困境而不能自拔，也割裂了德育的内容结构与形式结构，将道德仅视为外在的纲常礼仪与行为规范。

（三）高校德育实践对外部环境的适应性弱

大学生德育系统的外部环境包括社会环境、家庭环境、网络环境和学校环境等子系统，每个子系统又包括许多要素。外部环境很大程度上影响高校德育工作的目的、内容和方式方法等，良好的社会环境、和谐的家庭氛围、有序的校风学风等会促进学生思想觉悟的提高和道德品质的养成；反之，则导致大学生对环境相关问题的困惑，造成品德养成的失控，甚至产生不良后果。现阶段我国高校德育实践对外部环境的适应性较弱，根据外部环境的变化而适时调整相关内容的能力较弱，这也是导致德育实效性低的重要因素。

三、高校德育现代化与社会现代化的匹配度低

（一）德育现代化源于社会现代化

在社会发展进步的过程中，人类逐渐认识到社会快速发展的关键是实现社会现代化，而人是社会发展进步的源动力，于是提出了实现人的现代化的目标，因此诞生了德育现代化。德育现代化源于社会现代化，必然要服务于社会现代化。德育现代化通过改造人的思想和观念，促进人的发展进步，人的发展和进步决定着社会的发展和进步。人的发展和进步不是一个简单的过程，需要德育现代化从社会现代化中提取积极的因素，因此德育现代化必须建立在社会现代化的历史条件下，从社会现代化的实际出发，才能得以科学的发展和进步。由此可见德育的现代化与社会的现代化是两个不可分割的部分，二者相辅相成、相互推动。

（二）德育现代化的理念受社会现代化的影响

没有社会现代化的发展和进步，不会带来德育现代化的跨时代、跨国界的新理念。社会现代化强调对人的素养标准提高，不论是在社会主义建设的初期阶段，还是在经济飞速发展的社会主义现代化新时代，都对德育理念的改造、发展、创

新提供了科学鲜明的时代特色,确保德育理念尊重社会现实。社会现代化帮助和影响德育现代化完成了理念的完善和创新,具体表现为以下几点。

1. 完善和推进"以人为本"的理念,促进人的全面发展

社会是以人为主体的,人是为社会服务的,社会的进步是人的全面发展和进步,因此社会要为人的发展提供引导和帮助,而不是主宰人们的思想、限制人的行为,所以社会现代化提倡"以人为本"的科学理念。在德育现代化的教育进程中,教育的个体也是人,为了使受教育者和教育者处在平等位置上,让他们互相理解、互相尊重,确保教育者从实际出发,更好地引导受教育者接受教育内容,德育现代化必须做到"以人为本"。社会现代化奠定的"以人为本"的理念帮助德育工作构建了以"人"为中心的科学体系。

2. 社会现代化运用科学的知识和手段促进德育现代化的不断创新

社会现代化急需人才的综合素质全面提高,因此全社会建立了以政府为主导、以高校为主体、家庭和社会共同参与的德育现代化工作体系。为了实现德育现代化的科学发展,创新是根本途径,只有不断创新才能确保德育工作适应社会现代化的发展要求。德育现代化的创新必须遵循社会现代化的规律,高校的德育理论、德育内容、德育方法和手段的创新是在学习和运用社会现代化科学知识的基础上,做到与时俱进,紧随社会现代化的步伐,实现人的现代化。社会的现代化促进德育现代化的创新体现在德育工作者用社会现代化的科学技术成果武装自己,使自身具备了创新精神和创新能力,从而为提高人的整体素质、满足人的全面发展奠定了坚实的基础。

(三)德育现代化的教育内容来自社会现代化

德育现代化最终是要为社会服务的,这决定了其发展不能脱离社会现代化。德育现代化的内容要紧跟社会发展和进步的步伐,做到及时更新和改进,实现德育内容的现代化。德育的内容要在继承的基础上做到创新,只有做到与时俱进和开拓创新,才能确保德育内容实现传统精神与时代精神的彻底融合。德育内容现代化,主要体现在深入开展以爱国主义为核心的民族精神教育;深入开展社会主义道德教育;深入开展社会主义民主与法制教育;深入开展健康的心理人格教育。这几方面德育内容对高校德育的发展起着重要的主导作用,最终目的是"为社会主义服务"和"为人民服务"。因此,德育内容要从社会现代化进程中汲取,同时服务于社会现代化。

（四）社会现代化改进了德育现代化的手段和方法

德育现代化的手段和方法是为了更好地落实德育内容，实现德育目标所采取的措施，而德育现代化的手段和方法是否科学有效与社会现代化的紧密相关。社会现代化的进步，必然促进科学技术、科技含量在德育现代化手段和方法上的合理应用，从而不断改进德育的手段和方法，提高教育教学质量。随着社会现代化的进步和人的现代化发展，高校以及教育者会在实践中改进原有的德育手段和德育方法，在继承和创新的过程中保持德育的科学性和先进性。

德育手段和方法的现代化，是基于社会现代化的发展需要提出来的，是全面实现德育现代化的一个重要组成部分。德育手段的现代化当然要以德育理念、德育内容的社会现代化为前提，社会现代化的不断前进和发展，必将推动高校德育现代化，促进德育手段和德育方法的改善。德育的手段和方法随着社会的发展和进步，在可行性操作上会结合时代发展的特色，从而适合德育工作的顺利开展。教育者在德育过程中不断总结社会现代化发展的成果，将现代科学技术运用到教学当中，提高了德育工作的实效性，把德育的功能覆盖面最大化。因此，社会的现代化改进了德育现代化的方法和手段。我们坚持德育手段符合实际，与社会现代化紧密结合，必将为德育现代化的飞速发展做出应有的贡献。

第四章　高校德育理念的传承与创新

高校德育理念蕴含着高校德育的根本性目的取向、价值关切，是高校德育的灵魂。高校德育理念的健全是高校德育健康发展、和谐发展、科学发展的思想观念保证，高校德育理念的迷失是高校德育的根本性迷失。本章分为高校德育理念的历史反思、创新理论指导下的高校德育创新、以人为本高校德育理念的创新建构三部分，主要包括德育理念的历史反思、高校德育创新、以人为本理念的概述、以人为本高校德育理念的创新等方面。

第一节　高校德育理念的历史反思

一、德育带来的深入思考

德育需要主体自身来建构，只有通过德育内省才能深化德育认识、升华德育情感、强化德育意志，从而激活德育需要，产生真正意义上的德育行为，达到内在与外在的统一。今天，高校德育的发展，需要构建新时代高校德育理念。而这个新时代德育理念就是主体性德育。

主体性德育是一种全新的德育理念，要真正在高校德育中实践主体性德育，要高度重视德育过程中教育者和受教育者双方作用的发挥，既要充分肯定教育过程中教育者的主导性作用，又要充分注重受教育者的自觉性、积极性。具体来看，践行高校主体性德育应从以下几个方面入手。

①主体性德育注重德育过程中双主体作用的发挥，既肯定了教育者的主导性，也强调受教育者的主体性。在践行主体性德育的过程中，教育者在教育过程中是全程观察者、全程引导者、全程激励者、全程服务者。德育过程中教育者主导性的发挥要求教育者在教育过程中全面把握受教育者的思想状况、心理状态、

行为习惯，根据德育的目标和受教育者的客观情况，通过各种途径和方法引导受教育者从内心真正接受教育者精心设计的教育内容，与教育者产生共鸣，改变以往德育过程中受教育被动接受，入耳不入心的状况。同时，在教育过程中，启发受教育者自身进行道德体验，为德育目标的真正实现夯实基础。

②在主体性德育中，教育者和受教育者双方的地位是平等的，尊重受教育者是开启受教育者心灵大门的钥匙，而信任是创设德育中良好师生关系的前提，肯定是激发受教育者进取的法宝。在主体性德育中要真正尊重受教育者的主体性地位，要理解、尊重受教育者。当然，我们强调教育者和受教育者双方的平等地位，并不是任由受教育者放任发展，而是在肯定受教育者主体性地位的同时，科学发挥教育者的主导性作用，通过德育中双主体之间的相互影响、相互作用、共同发展促使双方共同进步。总之，主体性德育是高校德育理论与实践发展的新要求，也为高校德育实效性的提升指明了新方向。

对知性德育的批判是生活德育理论提出的一个重要原因，但世界是一个统一的整体，过度的批判可能使人们走向另一个极端。人们之所以把科学世界与生活世界进行区分，是因为认识自然和适应社会的需求；这种划分不是为了坚决抵制某一方面，而是为了人类更好地适应世界。现如今有些学者把德育失败的根本原因归咎于知性德育，认为知性德育是德育教学低效甚至无效的根源，他们认为生活德育是知性德育的完全超越和转化。人们要求由知性德育向生活德育的完全转化并不现实，而且过分的批判甚至完全否定和丢弃道德知识教育，会给社会带来更大的灾难。因此，如何将二者融合起来为德育教学的发展服务是我们当前需要深入思考的问题。

二、德育发展的理论基础

从古希腊开始，西方人就十分重视理性主义的作用，推崇知识就是力量，而知性德育正是源自西方的理性主义传统。古希腊哲学家苏格拉底认为，如果一个人不知道什么是勇敢而只表现出勇敢的行为，这样的人多半是无知的和愚昧的；不能清楚地知道什么是美德而表现出符合美德的行为，那就更让人匪夷所思了。同时，他还明确提出"美德即知识"的主张。理性主义传统在教育中的初步反映是培根提出"知识就是力量"的见解。随着社会经济的不断发展，人们对科学知识的作用过分夸大，科学知识被看作富有价值的理论知识和最具参考性的真理知识。在这种情况驱动下，道德知识化、德性知识化成为理性主义传统和科学知识发展的必然结果。

杜威作为近代美国最富有影响力的实用主义哲学家和教育家，他继承和发扬了卢梭先进的教育理念，并提出了影响范围广泛的"教育即生活"和"学校即社会"的见解。作为杜威的弟子，陶行知把这一主张引入中国近代教育，并在乡村教育中实践与检验，经过多年的努力他最终得出"生活即教育"的结论。这些生活教育理论中包含着诸多道德教育理念，为生活德育的发展提供了重要的思想和理论依据。此外，哲学研究成果也是生活德育理论基础的来源之一。德国著名哲学家胡塞尔根据"科学世界"的有关理论提出"生活世界"的主张后，西方教育界关注的焦点就转变成对相关"生活世界"理论的研究。20世纪90年代，我国学术界引进了"生活世界"的有关理论，该理论迅速成为我国教育界研究的重点问题。生活德育理论也在教育回归生活世界的作用下应运而生，这是衍生出生活德育论的另一个哲学论基础。

三、德育理念的历史反思

德育的最终目标不单是要求学生了解掌握道德知识，还要求学生将德育知识进行吸收和转化，促进学生德性的养成。学生能运用所学到的知识解决现实生活中遇到的道德难题，并将道德知识作为规范自身的道德观念和强化道德意志的前提，从而做出正确的道德行为才是德育的发展目的。但是，让受教育者形成正确的道德行为，是目前单一的德育教学模式无法做到的，德育的发展面临着多重困境。

（一）知性德育理念发展的弊端

1. 目标窘境

德育目标的设置远高于学生实际的道德水平。德育目标应紧紧围绕培养人来设定，但受种种因素的影响，出现了对德育目标认识上的偏差。知性德育之所以陷入机械主义、本本主义和经验主义的深渊，是因为其设定的德育目标无视学生的实际道德水平。这主要表现为：其一，德育目标的泛政治化对学生个体价值的忽视。泛政治化的知性德育只会培养出片面的"政治人"，而缺乏适应社会各行各业所需要的综合道德素质。其二，德育目标的纯粹理想化无视学生德育思想的最近发展区。由于追求知识道德的全面性与行为道德的高大上，德育目标设置远超学生实际的道德水平，造成学生知行衔接不当，影响了学生学习的积极性和主动性，严重的会形成台上教师讲解慷慨激昂，台下学生学习彷徨迷茫的现象。

2. 内容逆境

德育内容的选择与学生的最近发展区不匹配。人们的思维能力和伦理道德修养随着社会经济的发展而发生了巨大的变化，德育也随着这些发展而变化。但在变化过程中，学校德育教学却出现了不合乎常理的迹象。

其一，德育的内容忽略了学生个体独特的道德实际，以及他们内心真实的感受和对美好生活的憧憬，只注重灌输给学生社会既定的、抽象的道德知识；德育内容的选择更是脱离学生的现实生活，缺乏引起学生共鸣的德育内容。

其二，德育内容更新慢，远远落后于德育自身的发展。德育内容所采用的故事和经典人物对于学生而言遥不可及，学生很难产生共鸣，缺乏一定的感染力和说服力。而如今的社会环境是纷繁复杂的，在这样的环境中学生很容易迷失彷徨，继而造成内心道德防线的崩溃。

其三，德育内容过度重视对社会生活的反映，忽视基础性德育内容，不仅会造成学生知识的头重脚轻，还会出现德育影响不明显的问题，这样的德育教学产生的效果也不是德育所追求的。

3. 过程困境

德育过程忽视学生道德行为的主动参与。在应试教育模式的驱使下，德育过程也慢慢发展成教师是绝对权威的代表，拥有着绝对的主导权；学生只需做教师课堂的服从者和遵守者，不能质疑教师的观点和表达自我的想法，更不能与教师背道而驰。教育者与受教育者在这些不合常理的德育过程中只是单向性的主、客体关系，二者是作为教学的必要条件而存在，而作为独立个体的人的主体性对话和思想交换不存在了。德育过程的单向性使主客体之间缺少思想的交流互动，教育者因不能及时理解受教育者的思想、情感发展需求而难以与受教育者的思想产生共鸣。德育过程单向性注重对德育概念和理论的机械灌输，与学生实际生活相脱离，个体享受不到参与的快乐，使得德育效果事倍功半。

（二）生活德育理念发展的弊端

任何教育理论都具有各自的适用范围和条件，因而不存在万能的教育理论，生活德育也是如此。生活德育自身的发展问题尚未得到解决，并且也不具备知性德育特有的优势，因而不能盲目地批判知性德育。生活德育也存在弊端，主要表现在以下三方面。

1. 概念模糊

生活德育的有关概念没有得到清晰的界定。学者们对"生活德育论"的研究大多围绕它的核心概念即"生活"和"生活德育"进行探讨，但对生活德育是什么，还没有形成统一的意见。有的学者从生活德育独特的语境进行概念界定，而有的人认为这是连接生活和德育的教育模式。总的来说，这些说法不一的定义并不符合纲领性定义的相关要求，更倾向于描述性定义和规定性定义，这使生活德育出现内涵不清和外延不明的概念模糊现象。另外，生活德育中的生活和教育生活化以及德育和德育生活化之间的关系需要进一步厘清，它们仍处在模棱两可的模糊状态。从根本上说，生活和生活德育是两个不同的概念，两者虽然相互交织、关系紧密，但并不是一体的，德育固然包含在生活之中，但不是生活的全部。

2. 优势不足

生活德育在传递道德知识方面不如知性德育。不管学者们如何划分，生活德育关注的始终都是与学生生活环境密切联系的德育情景和学生的德性领悟，它有利于激发学生的学习兴趣和培养学生的道德主体意识，进而有利于学生道德行为习惯的养成和道德品行的生成等。而不容小觑的是，德育知识的积累是正确的道德行为产生的必要条件，否则产生的这种道德行为便不能达到德育的最低标准，更不用说帮助学生培养出正确而持久的道德行为。知性德育是道德认识的有力保障，它通过教授等多种方式传授给学生科学的道德知识和道德规律，这对学生道德思想的转变与道德行为能力的培养等具有巨大的优势。生活德育显然在这些方面的优势不如知性德育，再加上生活德育论的学者过度批判知性德育，认为生活德育全面领先知性德育，其带来的结果要么是"顾此失彼"，要么是"两败俱伤"。

3. 两难境地

生活德育在教育实践中面临着困难的抉择。非正规教育与正规教育之间的关系难以协调，现实生活与学校教育更是难以调解二者之间的关系，这个由来已久的难题至今没有恰当的解决方法，学校教育也正是因为日常生活随着科学社会的飞速发展，而不足以挑起传递高级知识经验的担子才产生的。杜威也曾认为教育领域的困境是在非正规教育和正规教育之间保持两者的密切联系。从德育这个视角来说，这个困难也在德育领域中充分地表现出来，而生活德育论的主张正是针对这个困境的积极响应。但存在致命缺陷的是，生活德育并不能取代学校教育。虽然生活德育对德育工作的发展具有举足轻重的作用，但生活德育在教育实践过程中对学生有着怎样的影响还难以评判，即生活德育在促进学生道德品质的生成上究竟产生了哪些作用,还没有统一的说法。尤其需要注意的是,要预防出现空喊口号,事实上仍然是教条灌输的现象。

(三)"灌输式"德育理念的弊端

在传统文化的惯性作用下,高校德育教学依旧沿袭了灌输的教学理念,表现出强烈的"独白"色彩。基本特征有以下几点。

1. 非民主的师生关系

教师往往扮演的是思想价值输出者的角色,他们以成人的、专家的姿态,将各种经验、概念、法则与理论强制地灌输给学生;学生往往扮演接受者的角色,学生的任务就是记忆、背诵这些现成的规范,作为被规训者的学生没有充分表达自我道德感受的机会和意识。

2. 忽视了学生的需求

原本复杂的思想交流过程简化为教师单向地将态度、情感以及价值观等传输给学生的过程。其方法是强迫和反理性的,教师总是无视学生的现实道德需要,不停地告诫他们"应该怎么做""不应该怎么做",道德要求反而变成了一种"空洞、抽象的口号",而丧失了它应有的感染力和号召力。

3. 忽视了意义的生成

灌输注重的是思想、信念、价值观等的复制,教师越是将思想、信念、价值观阐述得清楚,就越是好教师;学生越是完美地习得复制了这些思想、信念、价值观,就越是好学生。这种教育的结果是学生掌握一整套的义务,却不理解义务的价值。因而,道德规范不能有效地内化为道德信念,导致"知而不信";道德信念又不足以外化、支持、指导道德行为,导致"言而不行"。

4. 具体指向不明

高校德育面向的群体具有多样化、活跃性等特点。受教育主体的多样化决定了不同成长阶段、不同年龄层次的受教育者对道德需求具有差异性。当前,德育课程设计缺乏针对性,没有契合学生的个性化特征,贴近学生的个性化需求,这种"一刀切"式的教育,使德育的效果大打折扣,"对症下药"更是无从谈起。高校德育是面向青年的,关注他们的个性化需求是德育的内在要求。矛盾既具有普遍性又具有特殊性,不同受教育主体的德育既有一致性,也有差异性。马克思主义理论作为德育的学科,在灌输过程中要坚持马克思主义辩证法,既要重视全局,又不能忽视细微之处,要实现德育整体宏观把控和关注细微之处的有机统一,千篇一律的德育课程安排并不能精准满足受教育者的需求，无所指向的灌输法更使德育事倍功半，降低学生对道德教育的兴趣，导致教育效果不佳，无法实现德育的目标。

5. 灌输方式单一

科学的理论并不会在受教育者心里自发生成，需要外部灌输的浸润。但是，部分教育者对灌输法的片面理解导致了"填鸭式"灌输，顾名思义即强制性的单向灌输，就是受教育者将已有的理论照搬照抄式地灌输给受教育者，这样的方式往往拘泥于形式而忽视了效果。在实际教育活动中，一些教育者片面地理解灌输，忽视了德育是双向的活动。其灌输方式和方法大多千篇一律，过程枯燥，难以让德育内容入脑入心。教师单纯把教材上的理论灌输给学生，不讲究教育方式、课堂效果以及课堂效率，造成学生被动学习。"填鸭式"灌输不讲究灌输与疏通、引导三管齐下，这样单纯的灌输不仅难以产生好的效果，还会大大降低受教育者的学习兴趣。列宁曾这样说过："不要光用书本子教他们理论，而要让他们参加日常的斗争。"同此，"灌输"不能空谈理论，还要联系实际，创新和丰富德育方法是新时代德育丰富和发展的必然要求。

6. 灌输环境单调

德育环境是有效进行德育灌输的外部保障。德育环境具有复杂性、动态性。人的道德的形成和发展受宏观环境与微观环境的影响，而且各环境要素之间应该良性互动才能增强德育的有效性。当前，新媒体成为大众传媒环境的时代特色，智能科技成为我们生活中不可缺少的一部分，同时网络平台鱼目混珠的信息导致了一些新的道德问题，对辨别能力不强的高校学生产生了一定的消极影响。家长忙于工作或不重视使家庭与大众传媒之间无法有效良性互动，同时，大学生通过网络媒体接触的信息丰富多样，容易形成多元价值观，加之他们敢于探索、思维活跃、崇尚科学、敢于创新、对德育有了更高的诉求，因此，传统的将德育的主要任务和责任交给学校这种单一环境的做法不符合社会发展需要。学校、大众传媒以及家庭等因素单一发挥作用的德育灌输，无法充分发挥各环境要素"1+1>2"的作用，因而无法有效提高德育的实效性。家庭教育的基础性、渗透性，学校教育的引导性、全面性以及大众传媒的便利性、丰富性应该统一起来，将德育灌输渗透到学生生活的各个方面。

7. 创新要求

道德作为上层建筑，具有一定的历史性，它随着生产关系的变化而不断丰富和完善。德育能为社会政治经济发展奠定思想基础并提供不懈的精神动力。德育灌输需求侧和供给侧的改革成为新时代德育灌输方法创新的主要方向。基于此，德育灌输法需要创新发展才能达到有效灌输的目的。

"灌输式"思想道德教育从其价值取向来看，强调一元价值观导向的绝对性，意图帮助学生构筑思想防线；就其本质而言，实质是物化与奴化的教育，教人学会服从。它与现代强调培养学生的首创精神、教人学会选择的新德育理念是背道而驰的，也不符合学生思想道德发展的规律。"人文教学最忌'灌输'或'绝对化'，因为'灌输'或'绝对化'阻碍了自由思考的空间和个体经验参与的道路，使与存在经验密切关联的人文知识变成一个个僵化的'结论'或'教条'，最终彻底地毁灭了人文教育。""灌输式"思想道德教育强制、封闭人的思想，麻痹、抑制人的创造力，限制学生的智慧和思想道德的发展，因而是反道德的。

第二节　创新理论指导下的高校德育创新

一、德育理念的创新

（一）树立德育生态化理念

生态德育理论是生态学、伦理学、教育学等学科融合发展到一定阶段的产物。以"天人合一"为代表的传统伦理观是我国生态道德观孕育的重要哲学基础，它历经几千年文明的发展，深深地根植于历史上不同时期德育思想与实践之中。我国现代生态德育的研究起源于运用自然辩证法对生态伦理和实践进行的批判性反思，把人与自然的伦理关系纳入了德育范畴。20世纪90年代初，杨学良提出"生态道德反映的是人与自然的关系，是协调人与自然关系的一种行为准则"。鲁洁提出德育要重视其自然性功能的发挥，以培养和塑造具有"完善伦理"的下一代，揭开了生态德育理论研究的序幕。之后，刘惊铎等的研究关注人与自然关系的道德性，比较完整地解析了"生态德育"的概念："它是指教育者从人与自然相互依存、和睦相处的生态道德观点出发，引导受教育者为了人类的长远利益和更好地享用自然、享用生活，自觉养成爱护自然环境和生态系统的生态保护意识、思想觉悟和相应的道德文明行为习惯。"

从教育力量来看，德育的开放性需要把握人与自然、社会相互依存、相互制约、互惠共生的关系，以整体性原则实现德育要素的动态平衡和统一协调。生态德育以自然生态、社会生态以及人文生态融合发展为目标，维护德育系统整体价值共性和动态平衡，从大学校园到社会场所，从教室课堂到网络空间，从理论传输到生产实践，日渐呈现德育生态综合化、系统化、信息化特征，并且已经充分接轨国家和社会治理体系，成为社会公民道德建设的重要组成部分和积极促进力量。

高校要锚定"三全育人"综合改革的目标和方向，研究德育生态系统的整体结构，厘清德育生态的本质、德育生态系统的组成要素和互动过程。不仅要从人和自然互相依存、和谐共处的生态伦理价值观出发，将生态观念融入大学生德育内容，把道德导向贯穿规章制度建设，推动公共政策与道德建设良性互动，而且要以生态世界观的观点和方法对接生态文明建设和高校人才培养的体制机制，把握大学生道德判断、道德选择、道德认同等德性形成环节，分析生态德育与传统德育在手段、路径、力量、环境、体制等多方面的契合点，创设科学化目标评估手段，构建广泛化实践参与模式，搭建全员化协同教育平台，打造立体化认知渗透环境，探索法治化引导约束体制，推动高校生态德育与传统德育的融合化发展。

（二）树立"三全育人"德育理念

"三全育人"是我国实施教育改革的一项重要措施，指的是在人才培养过程中要注重全员参与、全过程育人以及全方位育人的要求。该项教育改革的总体目标是将习近平新时代中国特色社会主义思想作为教育指导，同时要坚持和不断加强党对我国高校教育活动的全面领导，以立德树人为根本任务，充分发挥高校的育人优势。

"全员育人"指的是在育人活动中，育人主体具有多样性。在我国传统的德育理念中，学校是育人主体，但是新时期的"三全育人"理念将家庭、社会、学生以及学校等共同作为育人主体。

"全程育人"指的是高校育人的过程管理，注重教育的持续性。学生的德育培养需要一个较长的渐变过程，不能通过较短时间的"灌输式"教育来完成。学生思想道德价值观念的形成，与学校、家庭、社会、学生自身的德育培养以及学习都有着密切联系。高校在德育过程中要注重对学生"三观"的培养，通过开展形式多样的爱国主义教育活动，使学生树立正确的人生观、价值观、世界观；对于学生成长过程中出现的思想变化、心理问题等倾注更多的关心，培养学生良好的思想道德品质。

全方位育人更注重的是在空间维度上实施德育。这要求高校在开展德育工作时建立综合性的德育培养机制，帮助学生解决实际问题时，进行全面的、多视角的、系统化的分析，引导学生找到正确的思考问题和解决问题的方向和方法。在德育工作开展过程中要注重内容的全面性和形式的多样化，打破传统的教育思维及模式，运用创新的教育理念和方法，以更加贴合新时期高校学生的德育需求。

二、德育方法的创新

（一）高校德育教学方法的创新发展

1. 精准辨别灌输对象，明确具体指向

精准辨别灌输对象是实现精准灌输的基础和前提。当前的德育灌输法是"普遍灌输"，适用于大部分学生，但忽视了学生的个性化需求。例如，当今大学生心理健康状况呈现许多新特点，抑郁、自杀等时有发生，灌输者应针对这一类对象进行专门的灌输和引导，充分发挥德育的引导作用，防止造成更多不可挽回的损失。因此，新时代的"精准灌输"，需要践行唯物辩证法，坚持普遍性与特殊性相结合，在强调整体性、全面性的同时，注重灌输对象的特殊性，兼顾全体灌输与重点灌输，这样才能因材施教，增强德育的实效性和针对性。马克思曾指出："只有在集体中，个人才能获得全面发展其才能的手段。"这就是说，新时代要在加强全体灌输的同时，注重对特殊群体的精准引导，这也就要求灌输者要研究灌输对象的特点，找寻受教育者间的共性与个性，在进行普遍性灌输教育的过程中，精准辨别受教育者的特点，实行更加有效的精准灌输。

2. 利用大数据信息平台，制定个性化灌输

新时代大数据平台是精准灌输实施的重要依据。大数据时代的到来为社会各领域的改革创新提供了有力支撑，同时也极大地推进了德育领域的发展进程。精准灌输是对传统灌输方法的继承和创新，是大数据时代德育方法创新与转型的必然趋势。充分运用大数据平台可对网络使用者的浏览足迹进行追踪，经过数据筛选和分析，了解学生群体的关注点，从而分析当前受教育者的思想道德状况，精准设计灌输内容，以"对症下药"的手段实现"药到病除"的效果。基于此，应开展精准灌输，以灌输客体为中心，以实现精准化灌输为目的，使大数据助推德育精准灌输的各个阶段；要以数据平台的构建为依托，加强数据的精细化处理，增强灌输主客体的交互，实现双向式的道德学习，变被动为主动，增强灌输客体学习的积极性，破除"填鸭式"学习的陋习。同时，教育者要充分利用微课堂、

微博等网络灌输媒介，营造良好的网络环境氛围，阻止各种错误思潮误导学生的认知。

3. 转变传统教育观念，创新教学方法

转变传统教育观念、创新教学方法是实现精准灌输的有力支撑。教学是师生相长的过程，任何一方主动性和积极性丧失，都会影响德育的实效性和有效性。目前存在教师照本宣科唱独角戏，学生被动听课的现象，毋庸置疑，这会使教学质量大打折扣。因此，要使德育入脑入心，就离不开教育者和受教育者观念的转变，以及教学方法的创新。

在教学观念方面，首先，教师要改变照本宣科的教学理念，充分利用现代信息技术，更新教学内容和方法；其次，学生要转变自己仅仅是被灌输者的观念。在教学方法方面，教师要充分利用新媒体技术，最大限度地对德育教学方法进行优化。一要借助翻转课堂等新型教学形式，调动学生的主动性和参与性，促使学生融入课程，争做课堂参与者；二要积极使用多媒体等教学手段，如在课件中穿插视频、图片等，以便吸引学生的兴趣和目光，降低课堂枯燥性；三要有效利用大数据技术，广泛收集教学素材，与时俱进，及时更新课程内容，用身边的故事增强学生对道德理论知识的理解，使课堂教学紧贴学生实际生活并富有时代性。

4. 形成全社会教育合力，提升整体教育效能

形成教育合力是高效实行精准灌输的有力保障。百年大计，教育为本，从总体上来看，应该从学校、家庭以及社会三个维度共同推进德育。从学校方面来说，学校德育对学生的人生观、价值观以及世界观形成有直接的影响。学校不仅要从学生的实际情况出发，积极创新教育方法、丰富教育内容，实现精准灌输教育，还要充分利用现代科技，建构与家长之间的沟通渠道，得到家长的支持与重视。对于家庭来说，在支持学校工作的同时，应该与学校保持目标、方向一致，共同致力于对学生实行精准的德育。当然，充分利用社会资源，积极动员学生参与到社会实践中是"入脑入心"的重要环节。德育理论源于课本，实践于社会，最终服务于社会。新时代要更加注重理论与实践相结合，利用社会中的积极因素来强化德育。当然，网络平台作为新时代互联网社会的最大媒介，正确发挥其作用是提高德育精准灌输有效性的必要手段。集社会各要素之力，有利于增强德育的实效性和有效性。

总之，德育灌输法的改革与创新是对时代发展的回应。"精准灌输"是对德育灌输法的新的解读。首先要精准识别灌输对象，才能精准制定德育内容，增强德育灌输的有效性，在对灌输对象长期灌输的过程中达到润物细无声的效果。同时要完善"精准灌输"教育体系，形成全社会的教育合力，为实现"精准灌输"提供良好的环境。

（二）人工智能与高校德育的创新发展

在人工智能生态系统普遍渗入社会生活的今天，其已逐渐演化为现代社会物质生产活动的新形式之一，必然会反映当下社会政治、经济、文化等诸多方面的发展态势和内在需求，也已然成为人工智能时代意识形态教育工作必然要考虑的内容。总体而言，新时代德育既要有"欲穷千里目，更上一层楼"的视野，又要避免因为担心"曲高和寡"而一味迎合的行为，不再局限于传统互动场域的"主体身份规定"。这里不仅有合作，也有竞争。应该说，每一次人工智能革命引发的都是合作与竞争关系的转换与更迭，这种动态变化的竞争关系是正向的，是催化质变、放大成效的应然选择。

人工智能技术内容与德育学科知识相融合，进行"智慧德育"教学互动，同样能够利用智能技术支撑人才培养模式的创新、教学方法的改革、教育治理能力的提升。

三、德育形式的创新

高校传统德育以教学大纲为依据，相关教学内容多来自教材，且教学内容过于枯燥，导致大学生对德育丧失兴趣。并且，传统德育是以教师为主导的课堂理论知识传授，学生只能被动接受，教师与学生之间缺乏有效的沟通交流，限制了学生的积极性和参与性，导致德育质量相对偏低。针对这一情况，高校德育应围绕教学大纲丰富教育资源，使之具有时代性和代表性，并坚持以学生为主体的德育方式，利用互联网、微课等平台进行德育，有效利用大学生的碎片时间。同时，加强与学生之间的沟通交流，善于发现问题，使高校德育更加具有针对性。《高校德育体系新认知——共同体的实践》第一部分指出了高校德育工作面临的挑战，内容与形式上的创新对德育教育工作的顺利开展起着至关重要的作用，这也是新时期高校德育创新的首要任务。例如，针对社会广泛讨论的老人摔倒"扶不扶"问题，教师可以组织学生进行辩论，由学生自主组织辩论材料，教师仅负责维持纪律和方向的引导。最终由教师进行总结，以达到强化德育的目的。

第三节 以人为本高校德育理念的创新建构

一、以人为本理念与德育

（一）以人为本的内涵分析

从哲学上讲，这里的"本"并非"本源"，而是"根本"。"以人为本"一词最早出自春秋时期的《尚书》，其中提到"民惟邦本，本固邦宁"，即人民为国家之根基。根基牢固，国家才会稳定。中国古代强调人高于物，且习惯兼用"人"与"民"，以人为本即以民为本，充分表达了我国古代的民本主义思想。

人是社会实践主体，也是社会发展的根本目的和动力。党中央强调，党的力量始终来自、植根于、服务于广大人民群众。由此看来"以人为本"是一种社会价值取向，就是要把人民作为一切工作的根本点和落脚点，始终把人民群众放在教育优先地位。在德育中，以人为本的"人"就直接指向德育对象。

（二）以人为本理念的重要性

当今社会，各行各业都越来越需要"德智体美劳"全面发展的人才，人们对于人才的要求不单是具备较强的专业能力，同时也要拥有优良的品格。如今的科技水平日益提升，知识的传播速度越来越快，学生们获取相关信息的方式越来越多元。为了确保学生能够获得正确的知识，高校务必创新传统教学设计方案及教学模式，同时充分与学生的个性发展特点结合起来，使学生对德育具有更强的认同感，营造良好的德育氛围。

近年来，虽然部分高校在德育中始终坚持"以人为本"，却没有真正贯彻与落实这一教学理念，依然机械照搬套用课本内容，将知识强行灌输给学生。这种传统教育模式，并没有充分尊重学生们的意愿。但随着经济社会的发展，更多的高校开始注重将"以人为本"的教育理念与德育相结合，充分尊重学生的想法，凸显学生的主体地位，使每一位学生都能够获得更为全面的发展，拥有健康的人格。

始终将"人"放在首位是"以人为本"新理念的发展，该理念是新时代发展过程中的重要产物，基于此对学生进行德育，有助于学生获得更为全面的发展。

（三）德育运用以人为本理念的原因

教育是中华民族繁荣振兴和社会文明进步的基石，一个国家的教育落后，就不可能走在时代前沿。我们要实现"两个一百年"奋斗目标，就必须使教育在提高人民素质和促进社会全面发展中发挥作用。作为"立德树人"的重要体现，德育运用"以人为本"理念是必不可少的。

1. 以人为本是时代发展的产物

我国一直注重满足人们内在的教育发展需要，也更加关注科学发展和教育改革。传统的德育压抑了学生的个性发展，老旧的教育方法不能满足学生的实际需要，在具体教学中，德育难以有效发挥应有的作用。然而，时代在发展，我国教育改革始终没有停止，高等教育体系、教学理念也在不断更新，"以学生为本"正是时代发展中萌芽的一个新理念。"以学生为本"针对大学生自身的优点，进行有目的、有计划的个性培养。当大学生正式进入社会时，他们就能利用自身的优势，在社会上拼搏和发展，成为对社会有用的人，这就是"以人为本"教学理念的成功运用。

2. 以人为本强调人的主体地位

马克思认为，教育是人类传递经验的形式，是有意识的、以影响人类身心发展为目的的社会活动。对德育工作者来说，以人为本是一切教育的起点。在高校德育中，这里的"人"是大学生。大学生是学校的主体和中心，对他们实施思想道德教育和政治教育，是顺应学生禀赋、激发学生潜能的重要方式。从我国高校德育的角度看，高校和教师应在保障教育公平的前提下，运用"以人为本"理念，为学生创造一个合适的教育环境。《国家中长期教育改革和发展规划纲要（2010—2020年）》明确规定要注重因材施教，重视学生不同的特点和个性差异，发挥学生各自的优势。大学是传授知识、培养人才的地方，发现每个学生的特点并对其进行德育，对培养具有创新思想和创造能力的社会人才具有举足轻重的意义。

3. 以人为本是教育的本质要求

德育是做人的思想工作的社会活动，"以人为本"理念给予学生充分尊重，有利于增进师生之间的信任和沟通。一切教育的出发点都是以人为本，在德育的实践过程中，潜移默化式的力量同样不容小觑。另外"以人为本"遵循大学生身心发展的规律，让每个学生都能学有所成，都能全面发展。德育是为了促使广大师生自主接受一定的思想观念和行为规范，并将其转化为自身的道德素养。毛泽东认为"外因是变化的条件,内因是变化的根据,外因通过内因而起作用"。"以人为本"更能调动学生的积极性、主动性和创造性,更能促进学生的全面发展。

(四)以人为本原则在高校德育中的具体应用

马克思主义理论强调,人是具体的、历史的、社会的人。在现代社会"以人为本"也成为各个领域的必然要求。德育是研究个体的特殊教育,以人为本是这一工作的起点和终点,要将它落到实处,使学生的个人价值最大化。因此,培养社会人才的高校就要正确运用"以人为本"原则,采用恰当的方式,为国家培养全面的、高素质的建设型人才。

1. **努力维护学生的权利和尊严**

苏霍姆林斯基说过,没有爱就没有教育。爱是教育的基础,结合尊重与鼓励,才能使学生信任和理解。高校的德育人员不仅要传承文化知识,更要在人格塑造、培养人性方面下功夫。首先,在教学育人过程中,教师应根据学生自身的特点,充分理解学生的才干和需要,因材施教,给予学生自由发展的空间。大学生有权自主选择,应鼓励他们选择适合自身发展的课程,发挥自身的特长,成为各个领域的优秀人才。其次,大学生具有极强的可塑性,在进行德育时,要注意维护学生的权利和尊严,不干涉学生的生活,不扼杀学生的个性。大学生具备不同方面和领域的知识,才能应对社会上的不同需要。为国家培育出优秀的接班人,使他们有能力、有责任、有担当,教师的关爱和尊重是极其重要的条件之一。

2. **正确引导学生的思想和行为**

青年的价值选择与判断会对他们的未来产生影响,因此,理想信念教育是大学德育的一个重要组成部分。大学期间是最需要被引导的阶段,面临复杂的社会和道德观念的多样性,大学生相对不成熟、经验少,极易产生信念和行为上的波动。因此,在维护学生权利与尊严的前提下,也要正向引导大学生的思想和行为,使他们意识到维护他人的权利和尊严也同样重要。以人为本的教育,就是向大学生开启传播并主动接受客观真理、思想理论的窗口,使大学生能自觉践行社会主义核心价值观的基本要求,做到身体力行、知行合一。

3. **推动学生全面发展**

马克思关于人的整体发展理论认为:第一,人的身体和智力都得到充分自由发展;第二,人的才智、志趣和审美得到多向发展;第三,人的共产主义高尚品德得到发展。"以人为本"原则要求我们尊重大学生自主选择的权利,让他们的个性得以释放，让他们的特长得以发挥，塑造符合自身特点的全面发展的人。以往的高校德育更注重政治教育而忽视思想教育，缺乏发展的"全面性"。

"以人为本"原则要求德育工作者更深入了解大学生遇到的困难，考查并纠正学生的人格、思想、行为方面的偏差，使他们正确理解时代主流价值、时政热点，提高他们的辨识能力；要使大学生将专业知识与政治素养相结合，时刻保持头脑清醒，学会做出恰当的判断与抉择，提高自身的能力和水平。

高校通过思想政治教育塑造学生的人格，培养学生的道德素质。为了彻底贯彻"以人为本"原则，德育必须顺应时代发展，尊重学生的主体地位，不断完善创新，做到人性科学。总之，德育工作者应将"以人为本"理念融合到培养学生的全过程中，将大学生塑造成具有高尚人格和符合社会需要的全面发展的人才。

4. 强化德育知识教育

与其他学科教育一样，德育其实也具有一定的共性，那就需要始终遵循人类对于事物认知的普遍规律。但与其他学科不同的是，德育还具有一定的特殊性，其不仅能够促使大学生更加熟练地掌握理论知识，还能培养学生的品质德行，使其不断提升自身的思想认识。当对某一热点问题或道德问题产生共情后，就会形成巨大的能量。鉴于此，要掌握大学生形成品德素养的自然规律，在不断加强德育的前提下，将德行培养与知识教育相融合。

5. 创新德育教学方式

就德育目标而言，其并非凭空想象的，需要将实际情况作为基础，充分满足人性需求。将"以人为本"理念贯穿于高校德育中，就是结合对人的基本判断对其切身利益予以维护。随着社会的发展，很多特点都日益突出，其中就包括社会趋利性。人们无论是对国家政治的关注还是对现实的批判，都与自身利益息息相关。鉴于此，高校务必引导学生对社会利益与个人价值之间的关系进行正确处理，促使其能够更为健康地发展自己。实际上，教师自身本就是艺术与科学的一个结合体，因此在德育中需不断完善并创新教育方式，善于挖掘学生的兴趣爱好，了解学生的家庭背景以及个性化差异，从而开展有针对性的德育。此外，教师需要灵活运用多种教学手段，以大学生们更加喜闻乐见的方式开展德育。

6. 凸显学生的主体地位

所谓主体性，实际上是一种既基于现实又能够超越现实的指向性。虽然德育在当今社会发展中具有一定的社会效用，但如果未能充分发挥其积极性和自主性，依然很难达到预期的教育效果。鉴于此，高校务必始终坚持"以人为本"的理念，将大学生的主体地位凸显出来，结合大学生的实际情况以及个性化差异，始终将培养大学生的正确价值观这一任务放在首位，使其逐渐形成一个积极向上的正向追求。此外，引导大学生进行自我认知、自我评价以及自我反省，有助于其将主体作用充分发挥出来。

二、以人为本高校德育理念的创新

（一）德育内容的创新

高校德育理念要坚持以人为本，就要在内容上既坚持原则，又有所批判继承与整合创新，切实面向学生生活，关注、回归学生生活，促进大学生的科学发展与健康成长，做好时空上的对接、整合与协调。

一是传统德育内容与现代德育内容的友好对接。德育面临的一系列困境与问题，不仅仅是一个当下的"交往境遇"问题，更是一个文明内部的过去与现在、传统与未来的关系问题。传统德育及其理念虽存在多种弊端，却依然是本位与基础，现代德育及其理念依然融合于以爱国主义为核心的民族精神之中。传统德育及其理念中的诸多精华，依然是以人为本高校德育理念建构的最基本内容。因此，以人为本高校德育理念的建构，离不开传统与现代的时间维度上的对接。这就需要我们在德育内容上加强对传统美德的教育与宣传，增强大学生的民族自尊心与自豪感，使大学生在源远流长、博大精深的历史文化传统的鼓舞与熏陶下，以更加昂扬的斗志与饱满的热情积极投身于现代化建设中。但对传统的继承并不代表夜郎自大、故步自封，而是要做到继承基础上的与时俱进与探索创新。这就需要高校德育内容的确立具有一定的时代精神与现代意识，具备宽广的国际视野；同时，积极发挥现代市场经济与科技发展中的正面效应，努力培养大学生的竞争意识、进取精神、合作精神、创业意识与创新精神，并及时将最新的科学成果与理论观念补充到高校德育的内容中，从而赋予传统德育及其理念以新的内容，使它们时时焕发生命活力与勃勃生机。

二是加强东西方德育理念的有效整合。东方传统德育内容注重社会、民族、国家利益的至上，而西方传统德育的个人主义色彩较浓。我们在高校德育内容的设置上要做到对二者积极地扬弃与批判地继承，达到有机统一与有效整合。这就需要站在时代的高度，以全球与全人类的视野看待东西方文化的区别，取其精华，去其糟粕，对符合人性本身及全人类共同利益的文化产品进行必要的整合，从而形成新的更科学的伦理道德意识。

三是做好大、中、小学德育内容之间的协调，做好高校德育内容体系内部、德育与其他课程内容的协调。这就需要高校德育与中小学德育在内容的设置上体现出一定的层次性与渐进性，切实做到三者之间的层次渐进与整体衔接，而不是老生常谈。

此外，还要切实促进高校道德教育、纪律教育、德育基础知识教育与心理健康教育等的完善构建与整体协调。同时，通过与"通识教育"等隐形课程之间的相互渗透与协调，对大学生进行一种"无意识"的教育，对大学生科学的思想、态度、价值观的形成，产生一种潜移默化的作用。

（二）德育形式的创新

高校德育形式是否体现以人为本，关键在于能否深受学生欢迎。这就需要在形式上不断为学生的自由发展与自主建构搭建、开拓更广阔的空间与平台，不断提升德育形式的针对性与可接受性，通过大学生积极的学习、生活态度及正确价值判断的培养，让学生在实践中和感情上亲身体验到成功、快乐与崇高，切实促进大学生身心的愉悦发展，从而确保大学生自身素质的全面提升、人格的全面完善。任何教育都需要一定的载体，高校德育也不例外。

一是要将以人为本的高校德育理念科学地融入文化载体中。在以人为本的高校德育理念的建构中，在形式上要高度重视文化的育人作用，积极借鉴和吸收古今中外人类文明的一切优秀文化成果，并与高校德育实践紧密结合。通过在高校中营造积极、良好的校园文化氛围，切实将优秀的文化融入大学生的学习与生活，努力使高校德育中的积极、健康、生动、和谐的校园文化自觉转化成学生自身的价值观念、思维习惯、行为习惯，并能扎根于学生的"灵魂深处"，不断激发学生思想上的认同和情感上的共鸣，以便更好地陶冶学生的情操、优化学生的素质、提升学生的境界、完善学生的人格，达到以人为本的高校德育潜移默化、"润物细无声"的育人效果。

二是加强网络载体建设，为大学生的健康与科学发展创设积极的网络氛围。网络科技的发明与应用，给大学生的生活、学习带来了无尽的便利，网络高度开放性的特点，扩大了大学生自主学习、生活与心灵栖息的空间，网络手段的先进性，吸引了广大学生的眼球，激起了学生的无限兴趣与热情。因此，高校德育在做好校园网络普及的同时，更要加强对网络的监管与建设，加强对学生的教育与疏导，注意网络环境的净化。一方面，要发挥网络的优势，积极利用网络开展形式多样、生动活泼、健康有趣的德育活动，增加学生知识，开阔学生视野，充分调动大学生学习的积极性；同时，科学运用网络中积极、健康的德育因素，塑造大学生正确的价值观念，丰富学生健康的精神生活。另一方面，对大学生进行正确的引导，让大学生端正思想、明确目的，提高辨别是非与善恶美丑的能力；让大学生形成正确的世界观、人生观与价值观，彻底摆脱被网络中消极信息异化、奴役和消融的困境。

（三）德育途径的创新

人文关怀不仅是东西方文化的精髓，更是整个马克思主义人学思想理论体系的重要内容。马克思主义人学理论的真实意蕴即在于，整个人类发展史都洋溢着高度理性与浓厚的人文关怀气氛，人文关怀贯穿于整个马克思主义学说的始终。"以人为本"正是马克思主义人文关怀在中国当代国情下的有力彰显与集中体现。党的十七大报告的结束语为："为夺取全面建设小康社会新胜利、谱写人民美好生活新篇章而努力奋斗！"既彰显了党和国家的人文情怀，又为新时期高校德育工作提供了新的发展思路、契机与启迪，为高校德育发展指明了新方向。

人文关怀作为马克思主义德育思想的回归，体现了一种文化与文明的时代诉求，标志着一种新的思想态度与价值目标，是对以人为本与实现人的自由全面发展的一种时代诠释。它体现了高校德育工作鲜明的时代性，完善了高校德育工作的价值新取向，更重要的是它体现着一种爱。我国著名教育家霍懋征的座右铭写道"没有爱就没有教育"，苏霍姆林斯基认为"没有情感的道德就会变成干枯苍白的空话，只能培养出伪君子"。爱是教育的灵魂，情是教育的生命。

传统德育理念存在的弊端与现实德育理念面临的困境，很大程度上是由于人文关怀的缺失，以及高校德育的急功近利。实践证明，社会问题越是繁多，越要注重人文的关怀，进行人性的培育。因为人文关怀也好，人性培育也好，目的在于把人性中最美好的、善良的那一面挖掘出来、张扬出来，使人们感到人性的温暖、人间的真情。高校德育及其理念与人文关怀紧密结合，正是以人为本的必然诉求，必须贯穿于高校德育始终。高校德育要坚持以人为本的人文关怀精神，就要做到关注人的生存与发展，将人的生存、安全、自尊与发展等需要作为出发点和归宿，把人作为高校德育一切理论与实践的主体和目标，尊重人、关心人、理解人和爱护人，使整个高校德育富有人情味，使人的个体心智不断得到完善，使人的尊严得到认可，使学生的自主意识与主观能动性得到充分发挥，使个体的精神境界不断提升，使个体的综合素质不断提高，最终实现人的自由全面发展。人的本质是一切社会关系的总和，高校德育要确立起对大学生的人文关怀，就要切实将对大学生的教育融入大的社会环境中，并在人文关怀的同时，加强对学生的心理疏导与自我调适。因为，当前独生子女群体已成为大学生的主体，由于家庭教育失当，学校教育偏颇，社会不利影响，大学生各种心理问题频发，并呈不断增多的趋势。高校德育理念要真正贯彻以人为本，体现人文关怀，对这一问题就不能忽视。但要消除各种弊端与问题，需要社会上各种资源与力量的有效整合。只有学校、家庭、社区、社会携手并进与通力协作，才能真正有力推动以人为本、人文关怀的进程。而这些协作更多体现的是一种人与人之间的合作与沟通，是一种爱。做好这项工作，具体可从如下方面入手。

学生之间用心共筑爱的宫墙。高校德育中，教育者与学生之间的关系是最关键的人与人之间的关系，而学生之间的关系也很重要。学生之间关系的和谐、共进与美好，是人文关怀中一项不可或缺的内容。而学生之间的交往除发生在课堂与社团等实践活动之外，更多的则体现在宿舍中。宿舍作为学生几乎每天都要相聚的最稳定的生活场所，是学生学习、生活、休息、交流的重要基地。同宿舍同学虽来自不同的家庭，有着不同的生活习惯，却为了一个共同目的而相聚在一起，这本身是一种缘分。宿舍是学生信息交汇的中心，同学之间可以通过交流、自然展现与畅所欲言，表达自己最为真实、多样与生动的思想，通过彼此之间的求同存异，相互帮助、尊重与体谅。这对大学生的健康成长与德性发展有着非常积极、重要的影响。宿舍是对学生加强德育人文关怀的重要课堂，但这种影响却弥散而杂乱。学生地域、家庭背景不同，加上新旧观念的碰撞与东西方文化的交融，对学生之间的交往产生了诸多不利影响，相互猜忌、损人利己、不当竞争时有发生。这就需要通过人性化的管理与正确疏导，通过宿舍高雅文化氛围的营造，通过对家长的科学教育与引导，通过同学之间的真心交流与真情互动，消除相互交往中的不利因素；通过道德情感与坚定信念等的培养来缓和情绪，化解矛盾；通过合理竞争、共同发展、包容、协作精神的培养，通过晓之以理，动之以情，最终使得彼此真诚交往、感同身受与相互体谅，共铸坚实的爱的宫墙，共同进步与成长。

家庭是学生成长成才的重要物质与精神支撑，是为学生遮风挡雨、提供心灵栖息之所的爱的港湾。家庭成员之间的真诚关爱与心灵感应，是学生成长的基础，是学生科学发展与身心健康的重要保障。家庭教育对学生的成长有着长期、延续、终生的影响。父母的言行举止、生活习惯与各方面素养，影响着大学生成长的质量。如今高校中存在的一个普遍现象就是，独生子女占了高校学生中的多数。作为社会、家庭、生活责任的重要载体，他们的压力更是异乎寻常。作为天之骄子、家庭宠儿，他们具有诸多自身优点，同时部分同学身上还存在着这样或那样的心

第四章　高校德育理念的传承与创新

理问题与性格缺陷或偏差。而这很大一部分原因在于家长的不当教育与影响。家长的重智轻德、过分严厉或溺爱，诱发了部分大学生的心理问题。有的大学生还将在家中的以自我为中心、骄横、心理脆弱等恶习带到高校中，不利于大学生的科学培养与健康成长。这就需要加强家校之间的联系，做好学生父母道德上的继续教育。子曰："其身正，不令而行；其身不正，虽令不从。"教育家马尔库沙也认为："在教育孩子这件事上，还没有发现有什么方法能比活生生的榜样力量更大、更能令人信服的。特别是当这种力量不是一时的冲动，不是稍纵即逝，而是目标明确、始终如一、持之以恒时，收效就更为明显。"因此，高校德育要取得实效，离不开家长的以身作则与言传身教，且身教重于言教。家长要有明确的教育目标，不但关心子女的生活与学习，而且注重子女高雅情趣与高尚道德情操的培养，使之树立正确的世界观、人生观与价值观。家长要培养子女的良好心理，使之树立崇高的理想，坚定远大的目标，促进子女的身心健康与和谐发展。同时，子女也要学会关心、体谅与尊重父母，学会设身处地地为他人着想。只有如此，子女方能具有更加健康的心态，家庭成员才能更加和谐、友爱地共处，从而与高校共同形成强大的育人合力。

　　社会成员用爱共创和谐美好的明天。学生作为一个社会的人，难免受到社会中各种和谐与不和谐因素的交错影响。改革的加快、社会的发展，也伴随着一定矛盾的凸显。亨廷顿在《变化社会中的政治秩序》中的精彩描述，正是对 21 世纪社会发展的一个真实写照："到了 21 世纪中叶，所有传统社会都变成了过渡性社会或处于现代化之中的社会。正是这种遍及世界的现代化进程，促使暴力在全球范围内蔓延……现代性孕育着稳定，而现代化进程却滋生着动乱。"因此，以人为本高校德育理念的确立与贯彻落实、高校真正"成人"教育的实现，离不开高校德育小环境与社会大环境的有机统一。所以，要使所有社会成员用彼此的真情关爱与真切关怀，为大学生的健康成长共创一个和谐美好的明天，就需要做到以下几点。

　　第一，确立富有人情味的生活理念，加强公众心理疏导与调适。社会要为成员之间的和谐共进提供必要的价值支持，合理化解矛盾，增强彼此之间交往的人情味，增进彼此之间的关爱、合作、宽容、信任、同情与相互理解；要加强必要的心理疏导，不断满足人的物质与精神需求，使人生活得更有尊严、自由、幸福与理性平和，使人更加积极进取，自觉主动承担社会责任；要为大学生的健康成长营造一个和谐、健康的生活氛围，消除学生在社会交往中的某些心理恐惧与障碍，使其以更加开阔的心胸、积极的心境、健康向上的心态看待周围一切。

第二，进行彼此之间永无止境的无缝沟通。沟通是提高德育实效的一个重要的途径与手段。沟通可以利用现代化的信息与传媒方式，消除社会成员之间的各种误解，改善彼此之间的各种自发与离散状态，达到心与心的相通以及爱与情的传递，提升大学生与其他社会成员之间的信任度与凝聚力，达到社会成员间的合作共赢和互惠互利，使得彼此之间充满和平、友善、关爱、温馨。大爱无边，只有让彼此的爱穿越时空的界限，让彼此齐心协力、心手相连，才能为大学生的全面发展与德性培养创造一个和谐美好的明天。

科学意义上的"以人为本"，绝不是个人的孤独发展，而是一种与他人、集体、社会的全面、协调与和谐的生态关系。因此，在建构以人为本的高校德育之时，要对德育环境的开放性予以高度重视，使高校与家庭、社区等共同形成合力，充分尊重不同群体的利益诉求，推动学生与其他社会成员和平共处，使学生自觉将自我发展与承担社会责任更好地结合，从而为学生个人利益与社会利益的满足，创设一个充满温馨与友善的环境，为学生的健康成长与科学发展创造一个和谐美好的明天。

第五章　高校德育方法的传承与创新

德育方法是德育过程中教育者与受教育者相互作用的中介，是实现高校既定德育目标的必要条件，是使德育内容产生德育效果的重要手段。高校德育方法的创新，就是要求教育者根据时代要求和发展趋势以及不断发展变化的学生思想实际，在批判继承传统优秀德育方法和借鉴国外先进的德育做法的基础上，通过实践活动，对德育方法不断创造。创新高校德育方法，既有其相应的时代背景，也有其迫切的现实需求，更有其深厚的理论基础。本章主要分为高校德育方法的基本理论、高校德育方法创新的原则以及高校德育方法创新的基本路径三部分，主要内容包括：高校德育方法创新的紧迫性、教育性原则、高校德育方法创新的具体内容等方面。

第一节　高校德育方法的基本理论

一、高校德育方法创新的紧迫性

由于各个方面因素的不均衡影响，我国高校德育总体的发展水平是实效性比较差，没有取得预期的德育效果，一定程度上束缚了我国高校德育方法的创新，阻碍了高校德育的长远发展。由于历史条件与社会环境的变化，我国高校德育方法只有创新才能走出困境。

（一）由新时期的社会背景决定

新时期我国的经济、政治、文化、科技和军事等各项事业欣欣向荣，各项事业快速发展，广大人民的生活方式发生了新变化，呈现多样化特点，大众的生活观念和生活态度多样化，生活观念趋向更加务实开放，生活兴趣和爱好更加广泛多样。通过大众传媒和人际交往，人们生活态度的相互影响程度在不断加深，同时也更加凸显自己的个性。但在多样化的同时，一些错误的或者是不文明、不健康的生活观念和生活态度也相继出现，拜金主义、享乐主义、极端个人主义等腐朽思想开始滋长；有的人生活态度消极平庸，缺乏精神追求。时代的变迁和社会的发展必然会反映到思想意识领域，高校德育作为意识形态的一部分，也必然打上时代的烙印，这些不良思想在社会上的盛行必然会波及世界观、人生观和价值观正在形成的当代大学生。在国内环境的影响下，高校德育中传统德育方法的弊端暴露得愈加明显，它的传统性和滞后性已经越来越不适应时代的发展需要，因此高校要积极地改变传统的德育方法，适应我国的发展变化，积极促进德育方法的创新，从而保证大学生在复杂的国际和国内环境下保持清醒的头脑。

（二）由新时期大学生的特点决定

国际国内环境的发展变化对我国高校德育也产生了影响，大学生作为高校主要的教育对象也表现出一些新的特点：思想道德素质一般比较高，接受各种信息的能力比较强，能够拥护党的领导，响应国家的政策。但是随着新时期的到来、改革开放的不断深入、高科技的发展，以经济利益来衡量一切的思想流入高校，给高校接受传统德育的大学生带来负面影响。另外，西方国家利用互联网大量传播本国的价值观，这对大学生的思想产生了一定冲击。一部分大学生开始出现崇洋媚外思想，心理承受能力差、缺乏上进心等一些问题开始暴露。互联网以传播速度快和便捷的特点更易于被大学生接受，但是一些负面信息也接踵而来，高校学生之间的冷漠、猜疑，在一部分学生的身上表现得尤为突出。

（三）由高校德育工作者的职业素质决定

高校德育工作者在德育工作中能否做到从实际出发、突出重点，直接决定着德育工作的成败。遗憾的是，实践中我们往往面面俱到，脱离广泛性，过于理想化，不能客观地把德育的整体目标层次化并与实际要求有机结合起来，从而主次分明、有的放矢和卓有成效地展开工作。在德育过程中，往往存在着一些德育工作者自身的思想素质不高、专业知识不过硬、重视理论灌输、轻社会实践，忽视大学生出现的思想问题的根本原因等情况，对于出现的问题只是理论教育和批评教育，忽视了大学生的主体性，长期下去，大学生学习的主动性与积极性无法得到发挥，从而影响大学生的主体地位，使大学生产生逆反心理，达不到德育预期的效果。

因此，作为高校德育工作的主要力量的德育工作者的职业素质直接影响着德育的实效性，直接决定着德育方法在实践过程中能否有效实施。在激烈的竞争中，素质高、专业化的德育工作者在开展德育工作时可以运用恰当有效的德育方法，针对出现的不同问题，采取不同的方法进行教育，这样既能充分调动大学生的主动性和积极性，又增强了德育工作者对待德育工作的主动性。这从根本上对促进德育方法的创新发挥了积极作用。

综上所述，有效发挥高校德育工作者的积极性与主动性，对于德育方法的创新发挥着重要作用，因此，提高德育工作者的职业素质已经成为新时期我国高校德育发展的一项根本任务。

二、高校德育方法的创新价值

（一）提高高校德育实效的需要

高校德育实践的过程中，方法的正确与否直接关系着高校德育的成功与否。德育方法的正确选择可以对大学生产生积极的教育影响；相反，德育方法的不恰当运用就会使大学生产生厌恶的心理，容易造成严重后果。只有做到德育方法的有效运用，才能达到德育的目的。

长期以来，高校在德育的过程中，积累了丰富的理论经验与实践经验，一定程度上对高校德育的发展具有一定的积极作用。但是随着新时期的到来、新形势的发展变化，传统的德育方法已经不适用于高校德育的发展，要改变这种不利的情况，高校必须做到与时俱进，促进德育方法的创新。主要是因为：一方面，由于当前国际环境和国内情况的复杂多变，以及高科技的普及，一些西方国家的非社会主义的思想、价值观念和生活方式通过互联网开始流入大学校园，冲击着传统教育，在大学生群体间产生了一定的影响。另一方面，新时期我国各项社会主义事业不断发展，呈现出了以前没有的特点，如"经济成分和经济利益多元化、社会生活方式多样化、社会组织形式多样化、就业岗位和就业形式多样化"。在这种严峻形势下高校德育面临着挑战。这就需要高校德育工作者站在时代发展的高度，重新审视高校德育。当前阻碍高校德育发展的首要因素就是高校现行的德育方法。

对于高校德育工作者来说，当前最主要的任务和最首要的任务就是加快德育方法创新的步伐，改变传统单一的教育方法，做到理论教育与实践教育相结合、课堂教育与榜样教育相结合、批评教育与表扬教育相结合，因人而异，采取不同的德育方法，从根本上提高高校德育的实效性。

（二）顺应时代发展的客观需要

传统的德育方法是在我国应试教育背景下使用的，这也就导致了这些方法更多强调对受教育者的道德知识灌输，更多强调受教育者的顺从，是"填鸭式"的教学方法。仅仅注重道德知识灌输的"填鸭式"教学方法较易引起家庭教育、学校教育与社会教育之间的冲突。高校教师在开展德育课程的过程中，注重德育知识的传播能力的提升，以知识为中心，忽视学生的真正生活，无意识将学校与社会分离，忽视了对学生实践能力的培养。

随着信息化、网络化时代的到来，不同文化、价值观念等可以快速交流、沟通，但也极易带来多元文化、多元价值观之间的冲突，甚至让人无所适从。在这种状况下，教育方法的更新是必不可少的。网络的快速发展给人们带来了极大的便捷，人们对于各类信息的获得也更加快速。网络成为大学生生活中所必不可少的一部分，对大学生的日常生活产生了巨大的影响。网络的高效、便捷，更容易激发学生的学习兴趣。空间的扩大使学生不再拘泥于单纯的书本知识，而拥有更多的选择，学生的学习方法也更加多元，对学习的兴趣也提高，从而达到预期的效果。

（三）确保大学生健康成长的需要

高校德育是为了培养德智体美各方面全面发展的高素质人才，学生是高校德育主要的对象。但是一直以来，我国高校德育把学生看作接受知识的"工具"，忽视了大学生的主体地位，在德育课堂上仍然沿用传统的教育方法，如单一灌输的教育方法、以"批评"为主的教育方法、"满堂灌"的教育方法。这些德育方法忽视了学生的主体地位，忽视了学生的内心需要，是一种外在的强制性教育。其结果是在一定程度上束缚了高校德育与高校德育方法的创新。因此，只有选择正确的德育方法才能增强德育的实效性，取得良好的德育效果，圆满完成德育任务。

第二节　高校德育方法创新的原则

一、教育性原则

高职德育方法是为完成德育任务、实现德育目标服务的。从人才培养的角度来说，任何一种德育方法都应当具有教育性。所谓教育性，即对受教育者品德的形成产生正面的积极影响。当代学校教育强调全过程育人，强调环境育人，强调全员育人，这意味着学校情境是一个充满教育性的情境。当一种德育方法被使用时，这种德育方法本身应当是有教育性的，这是学校教育对德育方法的基本要求。如果一种德育方法本身只是一种解决问题的冷冰冰的工具，没有人情味，那么这样的方法是不受欢迎的。它也许是有效的，能解决部分问题，但是激不起学生的兴趣和热情。当学生对一种德育方法并不欢迎时，实际上它不可能产生持久而显著的育人效果。举例来说，学校德育方法中有种惩处的方法。这种方法致力于惩处犯错误的学生，并以此来达到对学生进行矫治和改变的目的。这种方法如果被滥用就会产生消极的影响。事实上很多学校特别信奉德育中的惩处方法，而这类方法并没有产生良好的育人效果。

二、系统性原则

德育方法创新是一项系统工程。一方面，任何一种德育方法都不是孤立的，它与学校教育情境中的许多教育要素有着复杂的关联。也就是说在整个教育系统中，德育是一个重要方面，而在德育系统中，德育方法又是一个重要的组成要素。另一方面，一种方法有着复杂的内在结构，它本身是由许多因素组成的，如它的使用者、作用对象、应用条件、操作方式、反馈、评价等。因此德育方法的创新要遵循系统性原则，充分发挥系统的作用，并构建一个良好的运行系统，只有这样德育方法才能取得实质性的、理想的效果。系统论指出，整体性是系统的基本特征，系统是一个整体或统一体，而这一整体都是有结构的，无结构的系统是不存在的。系统的整体性原理指出，系统的功能并不是各要素功能的简单相加，它要受到要素之间的结构关系的影响。

在学校德育方法的选择过程中，有一个常见的误区，就是认为德育方法的问题只能交给德育工作者去解决，其他人与这一事情是无关的。这显然有违系统性原则。

三、先进性原则

高校德育方法创新的另一条重要原则是先进性原则，也就是在德育方法的引进、选择与创新上，要保证所得到的方法是先进的、卓越的，是有进步意义的，是代表正确方向的。所谓先进性就是要最大限度地体现时代精神。相反，落后的德育方法则是与时代精神和主流价值背道而驰的。对先进性的追求是德育方法创新的基本价值取向，人们无法接受，一种创造出来的德育方法是落后的，是背离时代的，人们也不可能期待一种落后的德育方法能够产生某种理想的教育效果。

在现实的教育实践中，常常有教师运用一些被否定的德育方法，甚至导致了一些恶性教育事件的发生。例如，把学生分成不同的等级来区别对待，鼓励学生之间相互揭发，或者授权"好"学生去惩治另外的"差"学生。对于高校来说，德育方法创新是个迫切的问题，但要保证所创造的德育方法的先进性则更是一个难题。这一问题无疑是对高校德育工作者的一个考验。

四、可行性原则

如一种先进的德育方法在学校的情境中难以实施，或者说这种方法对实施条件有着特殊的或过高的要求，而学校又难以满足这些要求和条件，那么这种方法就失去了可行性。事实上，在一个地方出现的新的德育方法在另一地方往往会遭遇到实施困境。高校在探索新的德育方法时，更要紧密结合自身的条件和需求，寻找最适合自己的德育方法。

在德育方法的获取上，还有一种途径就是从国外，特别是发达地区引进德育方法。这类方法是在特定的社会、经济与文化环境中产生的，也只有在某些环境和条件下才能得到有效的应用。而这类方法被引进中国的高校以后，可行性的问题是不可避免的，如公正团体法、价值澄清法、游戏法等都不约而同地面临着可行性的问题，而其中最突出的问题就是缺少能透彻理解和熟练运用这些方法的教师。

以上从教育性、系统性、先进性和可行性等四个方面探讨了德育方法创新的原则问题，这四条原则可能组成一个高校德育方法创新的原则体系。当然这一原则体系不是封闭的，还有更多的原则可以纳入进来。所谓原则并不是对创新束缚，相反是为了更有效地创新，不讲原则的创新只能是一种非理性的冲动。

第三节 高校德育方法创新的基本路径

一、高校德育方法创新的具体内容

（一）坚持生活化教育方法

1. 生活化

关于德育生活化这一主题，我们首先应该强调的就是"生活"这个词。对于"生活"这个词语我们每个人并不陌生，从我们呱呱坠地那刻起，就意味着我们走进了这个庞大的社会体系，开启了生活模式。对于"生活"这个词有着很多种理解，有人说生活是为了活命，是为生存而开展的各项活动等。生活这个词可分为广义与狭义两个维度。广义的生活是指人类的生存、发展、娱乐等各方面的活动。狭义的生活是指以不同主体为划分标准的个人日常活动，如以学生为主体可以分为家庭生活、学校生活、社会生活。笔者认为在实际日常生活当中，我们运用较多的是狭义的生活，因为生活可以划分为很多层面，在不同的背景下我们有着不同的生活状况、生活方式和生活态度。

其实，我们首先应该明识生活的主体是人，生活是产生于人与人之间的一种个人或社会行为方式，因此生活与人之间是紧密联系在一起的。哲学家库比特说："我就是我的生活，我的生活就是我，就是我的整个表达或者规定的自我。"从库比特的这句话中我们可以看出他所强调的是生活与自我之间的关系，他更加侧重于强调生活中主体的中心地位。因此，生活化具有以下几个特征。

第一，动态性。人的世界与动物的世界有着很明显的区别。首先，人是具有语言能力和思维能力的高级动物，这是人类区别于动物的最本质特征。我们生活在这个社会中，不仅仅是满足基本的生存需求，更重要的是让生活质量变得更好。纵观整个历史的变迁，我们不难发现社会的进步与前进，因此，人类社会不管是从个体的角度还是整体的角度看，都不是一种静态的状态，而是一种动态的状态。生活的过程也是我们的生命更有意义、更有价值的过程，我们只有感悟生活、体验生活，才能让生命中的我们更有意义，让短暂的时光变得精彩，构建完整的人格世界。

第二，实践性。马克思曾说过："社会生活在本质上是实践的，人类世界只能是实践中的存在。"我们在探索事物的真理性时，永远脱离不了以实践手段加以验证。生活是人所固有的，人类可以通过一系列的实践活动改造着这个客观世界，使自己生活的环境更有意义，更加安全。人类的一切活动都离不开实践性，实践永远是我们存在和发展的前提条件。无论是从这个物质世界中获取生存之物，还是尝试探索新鲜事物的过程，我们都摆脱不了实践这个根基。生活的价值存在于生活的实践之中，在生活世界中，不存在脱离实践活动的人，离开了实践活动就无法真正诠释生活的真谛。

第三，创造性。人来到这个世界，既享受生活又创造生活。生活中的很多事物并不是与生俱来的，都是人类通过不断的实践活动探索出来的。当然我们不可否认大自然所赋予的基本事物是我们激发创造性的前提。在人类社会历史文明的演进中，社会的进步性就是在于人类通过勤劳的双手创造出前所未有的元素。当今社会与我们生活密切相关的客观事物，如各种智能电子信息设备、便捷的交通工具、航空航天设施等，都是前所未有的新鲜事物，它在借助于一定的自然条件的前提下，给世界注入了新鲜血液，让世界变得独具魅力。因此，人类的创造性在时刻改变着我们的生活。

2. 德育生活化

对"德育生活化"的理解，首先要厘清道德与生活之间的关系。德育离不开我们现实生活的本真世界，生活为德育创造了丰富的资源，是推动德育前进的动力。德育只有依托生活，并融入生活之中，才能彰显生活的多样性与德育的无穷力量。

有学者对德育生活化的内涵这样界定："德育生活化就是强调生活是道德教育的根基，道德教育只有渗透到生活的各个方面及领域才能提升人的道德水平和精神境界，使人能够生活得更加美好和有意义。"在笔者看来，对德育生活化的理解，其实质是摆脱在应试教育盛行的时代背景下，德育方式和手段与成绩挂钩的僵化绳索，真正做到为人类生活服务，为学生成长服务。德育生活化的提出，正符合时代需求，知识性的德育手段不符合现实生活实际需求。德育不仅仅是一种知识，更是一门与生活有紧密联系的特殊性实践活动。生活化的方式为德育发展指明了方向，但是新的理论的提出需要漫长的探索路程，需要在实践的追问下发展。德育生活化作为新时代发展的创新理论成果，存在局限性和理论不成熟等问题，需要反复摸索与总结。

3. 大学生德育生活化途径

（1）关注教育主体，寻求德育与生活的价值契合

第一，关注教育主体的主动性。只有将学生置于教育的主体地位，把社会发展与学生成才辩证统一起来，寻找教育与生活的契合点，使教育根植于生活，德育才能从理想化、片面化、泛化中走出来。只有发挥学生的主观能动性，以学生的安全、幸福、发展、自我实现为出发点和归宿，德育才能焕发出蓬勃生机。具体应做到关注学生个性，激发学生潜能，使学生与教师进行关系平等、互动良好的认知交流和情感交融，将教育的目标性、理想性和政治性与学生的现实需求和精神追求紧密连接起来。

第二，关注教育主体的完整性。学生不是单维度的、知识的、政治的人，而是复杂的、丰富的、完整的人。知识获得、良好行为习惯的养成与情感认同、态度价值一致的有机结合是统整教育理论与实践价值，打破认知世界与现实世界壁

障的必要条件。德育表现出完善生活、提升生活品质，既是对现实世界的回应，更是对未来美好世界的向往。尊重学生的完整性应将现实生活中的感知、认识与发掘高尚的道德品质、行为统一起来，在践行思想观点、道德规范、政治观念的同时养成良好的生活态度和人文素养。

第三，关注教育主体的发展性。从"志气未定，可善可恶，如草木初生，可直可曲"的童蒙阶段到道德丰盈，能够结合社会规范进行自我判断、自我磨炼和自我提升的成人阶段，人的道德水平和政治素养一直处于不断发展完善、尽善尽美的过程。尊重学生的发展性，德育既要为学生良好德行的养成和正确"三观"的确立提供营养，也要使其获得终身受用的品行和智慧。健全人格、高尚品德的培养应遵从不同年龄学生的身心特点和认知水平，关注教育主体的差异性与发展性，对生活教育的内容进行比较与选择，以动态的眼光对待与社会接触日益增多、知识水平逐步提高、思维慢慢趋于成熟进而走向社会的独立个体。

（2）构建生活化教学范式，寻求德育与生活的同步发展

将理论教学的"合法性"与现实生活的"合理性"有机结合起来，构建生活化教学范式，应正确把握德育与生活的关系，力求两者能同步发展。构建生活化教学范式，应把握学生的身心发展规律和价值诉求，将价值理念、教育内容融入学生日常生活之中，提升学生的认同感和获得感，使德育的内容和方法成为学生喜爱、能用、会用的有力思想武器。学生生活世界的丰富多彩及个性化发展决定了教学方法、教育载体、人文环境和评价体系需关注多元社会的发展和学生的实际需求以提升德育的感染力。

（3）开发生活教育资源，拓宽德育教学的多元径向

第一，挖掘隐性教育资源。教育者隐蔽的教育意图相对于显性说教而言，更容易为受教者所认同，也易于转化为受教者的内心要求。生活教育资源在教育中起着润物细无声的作用，其过程的隐蔽性、内容的丰富性、方式的间接性和功能的潜移默化性，相对显性的教育资源有着不可替代的优势。

第二，融入传统德育资源。传统文化具有独特的育人功效。中华民族的传统节日承载着国人的精神信仰、人文情怀，蕴藏着宝贵的德育资源，既是民族传承的重要载体和表现形式，也是进行德育的宝贵契机。通过深入解读传统节日的文化内涵，开发其蕴含的诸如爱国、奉献、勇敢、仁爱、勤俭、孝悌等丰富德育资源，可让学生在参与传统节日庆祝活动的过程中热爱生活，培养优良品质。

第三，运用现代网络资源。在"互联网+教育"新常态的时代背景下，德育须顺势而为，借助信息网络的特性和优势开展各项工作。"三全育人"理念不

仅仅体现在现实空间，更应运用于与学生密切联系的网络空间。红色网络阵地应从教育内容的理论化、抽象化，教育过程的工具化、单一化转变为以受教者实际生活需求为主体的个性化、发展化，形成德育与生活彼此契合、相互促进、共同发展的良性循环。

（二）坚持隐性德育方法

1. 隐性德育的概念

隐性德育起源于西方的隐性教育或者隐性课程。虽然西方学者没有确切使用隐性德育这一教育学名词，但他们认为学校、大众传媒、学校社团等课程外的教育载体可以发挥德育的功能。总体而言，西方关于隐性德育的研究主要体现在潜在课程方面，比较有代表性的是教育家、实用主义的集大成者约翰·杜威的思想。杜威虽然没有提出"潜在课程"概念，但他的教育理论中蕴含隐性德育的思想。他认为"教育即生活""学校即社会"。他认为学校就像是一个社会，学生通过在这个社会中发现自己的学习兴趣与天赋，学会与他人进行合作，习得生活的经验，从而成为一个合格的社会人。因为"环境的无意识影响不但难以捉摸而且无处不在"。他强调只有在学校这个特殊的社会中通过创造好的教育情境才能真正发挥教育的作用。正因为此，杜威倡导举办园艺、纺织、烹饪等各种与生活相关的活动或者是组织各种各样的游戏，以此激发学生的兴趣与主动作业。当然，不管采用哪种方式，都是通过环境的影响达到培养合格的社会人这一教育目的的。

首次提出"潜在课程"的美国教育家杰克逊认为，学校中的潜在课程强调特定的技能，比如说安静地等待、学习忍让、不断尝试、与他人合作等，虽然这些与教育目的完全没有关系，却是让学校对他们满意的必要条件，所以学校有意无意都存在着潜在教育的因素。

我国有关潜在课程的研究始于20世纪80年代，最初以介绍西方的潜在课程理论为主，现在逐渐转向较独立的隐性德育的理论探索，并从理论认识层面拓展到实践操作层面。可以说，国内的隐性德育是对西方潜在课程的借鉴和发展。

德育有广义和狭义之分，狭义的德育仅指道德教育，广义的德育则包括非常丰富的内容，道德教育之外，政治教育、思想教育、美育等都是其重要组成部分。这里采用的是广义的德育概念。德育又分为显性德育和隐性德育，显性德育主要是关于知识的教育，隐性德育则包含知识教育之外的一切德育元素，甚至于关于知识的教育亦包含隐性德育的内容。国内关于隐性德育的研究起步较晚，成果还比较有限。

综上所述，隐性德育是一个内涵非常丰富的名词，它是与显性德育相对的一种德育类型。具体来说就是通过运用德育课程外的其他课程类、环境类、活动类等资源或途径开展思想道德教育的特殊方法，通常以感染、引导、内化的方式影响受教育者的思想道德素质，达到提高德育实效性的目的。

2. 隐性德育的特征

隐性德育有其鲜明的特征，也正是这些特征促进了隐性德育效果的实现。概括来说，这些特征主要是潜隐性、多样性、生活性、持久性。

（1）潜隐性

这是隐性德育区别于显性德育的最典型特征。隐性德育不是直接通过专门课程向受教育者施教，而是将有关思想、政治、道德等德育内容与德育目标寄托在其他非专门课程、实践活动、校园制度以及校园环境中，从而使受教育者在无形中受到潜移默化的德育影响，以达到德育目的。也就是说，隐性德育隐去了"有形"之课程，代之以各种社会实践活动，受教育者的关注焦点即在这些活动中，没有或甚少感知教育目的的存在，因此说其具有潜隐性。

（2）多样性

隐性德育方法具有多样性。"所有能进入德育情境中的资源都能称为德育资源。"中国优秀传统文化包含很多珍贵的教育方法、教育理念，不仅没有在历史的长河中消失，反而随着社会的发展与教育的进步有了实现的可能性。隐性德育起源于西方的隐性课程，有很多有益的隐性德育方法亦值得借鉴。此外，在现实生活中也存在着大量的可供利用的德育资源，既有课堂之中的，也有课堂之外的；既存在于校内，也存在于校外；既有物质形态的，也有非物质形态的。总之，古今中外有多种多样的隐性德育方法，为德育活动的实施提供了丰富而便利的条件。

（3）生活性

这是隐性德育的应有之义，也是其基本要求。德育源于人类现实生活，本身就具有生活性，只是由于历史的、社会的等各种因素的影响，人们经常将德育看得遥不可及，将其等同于不切实际的理想、终极的追求等虚无缥缈的东西，离人们的日常生活似乎很遥远。现阶段突出隐性德育的生活性是非常重要和必要的。只有立足生活、植根生活、融入生活，才能了解现实生活中人们的道德现状和道德需求，才能善于发掘并利用现实生活中无处不在的隐性资源，才能运用现实中先进的教育技术与手段，也才能解决现实生活中遇到的困难，从而真正实现教育的目标。

（4）持久性

隐性德育的效果具有持久性。一方面，"德育工作的目的越明显，就越容易引起人们的逆反心理或对抗心理"。隐性德育采取的是隐蔽性教育方法，因此在教育过程中可以使人们减少不平等感和逆反心理，更容易提高教育的实效性。另一方面，隐性德育具有一定的隐蔽性，它需要经历一个自我认知、自我反省的过程才能完成自我升华的任务。当然，隐性德育一旦产生了相应的效果又将长期存在，因此说它具有持久性。

3. 隐性德育的功能

隐性德育的功能是其本质的外在集中显露，因此认识其功能有利于更全面更深刻地了解隐性德育。

（1）规范引导功能

显性德育是直接教导受教育者应该做什么以及怎么做的教育方式，而隐性德育是通过间接、隐藏的手段将教育内容和目标呈现给受教育者的德育方式。在隐性德育中，受教育者没有被明确告知教育要求，而是受到教育内容的客观刺激，从而引发其内心的波动而实现规范、指引和导向功能。当然，规范引导的方式有很多。以高校为例，学校的校纪校规等规章制度规定了大学生自由发挥的最大限度。高校校园文化中流行的"光盘行动"，餐厅挂着的"一粥一饭，当思来之不易；半丝半缕，恒念物力维艰""谁知盘中餐，粒粒皆辛苦"等宣传横幅促使大学生产生节约的心理需求与思考，从而自觉规范其行为，养成良好的习惯。总之，大到学校的校园文化，小到学校的一个指示牌、一草一木都可能对大学生产生无形的影响。

（2）感染塑造功能

"感染"最早出现于医学，后来引申到心理学领域，指"情绪诱发者的感官情绪信息被觉察者感知并自动化地、无意识地加工成与诱发者相同的情绪状态的心理现象"。在隐性德育过程中，教育者往往通过营造一定的氛围来影响受教育者，使受教育者在这样的气氛中受到熏陶和感染，由此达到陶冶道德情操的教育目的。这就是德育的感染塑造功能。例如，举办运动会等集体性文娱活动，运动员的拼搏精神和彼此的团结协作精神是可以相互感染的，场边的拉拉队热烈的欢呼声往往能够带给运动员莫大的鼓励，甚至可以使运动员反败为胜。又如，小说、电影、音乐等文艺作品，往往能够带给人心灵的释放、身心的愉悦，无形中陶冶了人们的情操。

（3）内化功能

隐性德育通过对受教育者的内心进行反复的刺激，促使受教育者规范和指导自身的实践活动，从而不断地调整和完善自己的世界观、人生观、价值观，这就是其内化功能。德育只有得到受教育者内心真正的肯定和认可才有实现其教育目标的可能。然而教育的现实状况是，显性德育常常与学生的道德认知状况和道德实践相脱节，导致学生仅仅为了通过考试而学习。这种情况下，学生所学的有关道德的知识既不能真正内化为自身的道德品质，也不能外化为具体的道德行为。相反，隐性德育注重通过生动化、形象化、生活化的方式将德育内容传递给学生，也强调道德情境的构建、道德情绪的感染、与道德实践的密切联系，强调运用一切能够利用的资源和方式帮助学生完成思想道德观念从内化到外化到再次内化的不断循环的过程，从而形成积极的道德价值观体系。

4.隐性德育方法的类型

（1）隐性德育课程

隐性德育课程是隐性德育方法的基础性组成部分，主要是指各类思想政治理论课之外的其他课程。这类课程不以德育为直接教育目的却不自觉有隐性德育的效果。主要有两类：一是各种专业课程，这是大学生在日常生活中接触次数最多的类型。但可惜的是专业课程蕴含的丰富的德育资源没有得到充分的挖掘和利用。二是涵盖自然科学、社会科学内容的渗透人文关怀精神的素质教育课程，包括各种选修课程、名师讲堂等。这些课程要么自身有德育的功效，要么其教学内容和方法包含隐性德育的因素，而不管其发生作用的方式如何，其包含的隐性德育方法都应该得到重视。

（2）隐性德育文化资源

简单来说，服务于隐性德育的文化活动与文化产品都属于文化类隐性德育方法。文化伴随着人类的诞生而产生发展，人类的历史有多长，文化的历史便有多久，因此文化资源是一个复杂而庞大的体系，广泛存在和渗透于社会生活的各个领域。"文化是德育的重要载体，文化建设是德育的根本任务。"文化的种类有很多，可以分为先进文化和落后文化、主流文化和亚文化、西方文化和东方文化、传统文化和现代文化。而传统文化又包括儒、法、道等文化，现代文化也有社区文化、企业文化、校园文化等。生活中比较常见的是文艺作品，以诗歌为例，对仗、押韵的形式可以直接给人以视觉上的美感，描述的或壮阔或凄清的画面有助于激发学生的想象力，表达的或爱国或思乡之情又能够让学生受到感染和启发。

总之，文化资源以其精神性的一面成为隐性德育方法不可或缺的一个种类。

(3) 隐性德育活动

较之前两种方法，德育实践活动因更贴近生活和贴近实际而更好地体现了隐性德育的可操作性和可实现性，因此是一种十分重要的类型，近年来也越来越受到重视和关注。德育实践活动一般直接和现实生活相联系，大多是一些具体的活动形式，在高校中主要指的就是校内活动和校外活动。前者有大学生社团活动、集体活动和党团活动等各种文娱活动，后者包括校外社会服务、社会考察、调研实习、社区服务等实践活动。各类实践活动是围绕社会生活而展开的，因此学生有更大的主动性参与其中，教育效果也更明显。正是由于这个原因，其对隐性德育的重要性越发凸显。

(4) 隐性德育环境

隐性德育环境包括物质环境和精神环境。前者是指融入隐性德育意图的环境中不以人的主观意志为转移的客观存在，包含自然环境和社会环境中的物质因素。对于高校来说，主要是指学校建筑、生态环境、班级教室设置等，一般是通过环境与氛围的塑造给受教育者以美的感受，以此培养和提高其审美素质。后者指一切有助于教育目标实现的精神因素的总和，包括健康向上的社会风气、良好的行为习惯、科学的理论、优良传统等。在高校中主要指校风、学风以及以此为基本表现形式的大学精神，还有教育者博学儒雅的气质、受教育者乐观向上的精神以及民主平等、教学相长的新型师生关系等。这类资源一般是通过人的能动性创造出来的，对社会成员有普遍性的影响，加上其无形性以及可再生性，可区别于其他方法而成为隐性德育方法必不可少的一个组成部分。

(5) 隐性德育制度

隐性德育制度的种类也有很多。一是党和政府关于德育的相关文件和精神，一般起着指导性、统筹性的作用。例如，素质教育的提出，隐性德育在某些方面就体现了素质教育的要求。二是凝聚思想政治要求的校纪校规和学生手册。以学生出勤率、参加学校活动的次数及获奖情况、是否担任干部等为学生品德考评的指标均数此类，也是存在问题较多的一类。三是约定俗成的课堂纪律和宿舍文明守则，这是目前为止各大高校最具特色也是最大限度发挥受教育者能动性和创造性的类型。以宿舍为例，营造整洁、卫生、安静、和谐的环境和氛围是学生一致的要求和追求，因此评比"优美宿舍"等活动总是能激发他们的积极主动性和参与性。

需要指出的是，隐性德育不管以怎样的标准来划分，结果都是相对的，因为其各种影响因素往往是相互交织产生作用的。而且，隐性德育的方法也不是固定不变的，随着社会的发展会不断出现新的德育方法，影响隐性德育方法的系统建构。

（三）坚持体验式德育方法

1. 传统式德育与体验式德育的比较

相对于传统式德育，体验式德育具有以下优势。首先是教学理念的改变，由传统的以教师为中心，只教授学生学习知识的方法，转变成从实践体验中获得新知识，重视在就业过程中认识当前社会现状。其次是学习环境的改变。教育模式不再固定化、限制化，而是在一种轻松体验式的学习氛围中进行学习。不再以教师单一讲述、学生被动学习的方法为主，而是学生自主学习，极大地提高了学生的积极性，改变了学生的学习态度。

2. 实施体验式德育的途径

（1）创设良好的体验氛围

不同方法可以加快体验式课程的改革，如角色体验法，是让学生通过扮演角色的方式进行学习，这种方法可以帮助学生在短时间内集中注意力，融入课堂中，同时学生在情境中可以感受角色的情感，从而拥有深刻的体验。

体验式教学为学生营造了探究知识的氛围，使学生身临其境地解决实际问题，提高学生理论联系实践的能力，同时激发学生的学习兴趣，增强学生在课堂中的参与感。为此，教师可以在教学中应用体验式教学法，给学生分配不同的角色让学生自己感知。

（2）注重学生的融入度和参与度

在教学的过程中，要更加注重学生对于新型学习方式的认知态度，转变学生原有的学习理念，不要单纯地认为学习是课本加考试，而忽略了学习真正的目的。教师也可以从多方面来考查学生的学习能力，对学生的不同方面进行评价，因材施教。同时还可以让学生自主结成学习小组，在遇到问题时，小组之间可以相互研究、互相分享成果、畅谈感悟等。这样才能真正地让学生融入课堂，提高其参与度，达到改革创新的目的。

（四）坚持自我教育方法

1. 自我教育概念界定

按照教育者制定的道德规范和道德原则，受教育者自身作为教育对象供自己教育，并作为教育主体进行教育学习和锻炼。这个概念向我们解释了自我教育的对象是人自身，教育的方法是自己教育自己，教育的目的是提升个人的自我道德修养。提升个人的自我道德修养的教育目标是受教育者自己提出来的。一旦个人的道德修养方面得到提升，这个人的自我教育也就取得了成效。自我教育是为了提高自我道德品质和思想政治素质而进行的一种教育活动。

也有的学者将自我教育表述为一种完善和增加自己的各项技能或者素质能力的手段。

更多的学者会把自我教育作为一种自我批评、自我发展的手段和方法来理解。自己教育自己，自己作为一个教育者来对自己进行教育工作，自己全程参与教育过程并且作为主导者的身份进行教育活动。教育目标要求都已经定好，为了达到这个目标和要求，进行自我教育的一系列活动，学习修养、总结批评，反思改造等。主动吸收外界的积极先进思想品质，纠正自己的道德错误和其他错误，进而提升自身觉悟。受教育者已经在老师的引导下，具备了自我学习的意识，认识到自我学习的重要性，并以此基础，通过"自我认识、自我体验、自我控制"等方式，也就是在心理经历了"认识到、接受了、在行动"的历程，激发了主动学习的行为和自觉学习的进取之心。已经有了目标，那么为了达到这个目标就会极大自身内在的进取之心，激发主动学习的能力和自觉纠正改造的行为和思想。自己作为教育的主导者全程参与其中，自己教育学习、自我审批，自觉反省，辩证是非，吸收积极有益的，摒弃消极错误的。

主客统一性，教育主体同时也是教育客体，是作为教育主体的主体自我对受教育的客体自我进行教育的过程。教育主体必须要处理好自身的主体我和客体我，现实我和理想我的统一，充分发挥自己的主观能动性。我们可以清晰地认识到，自我教育没有仅仅依靠教育者的单方面传授，而是在教育者的教育之后，让受教育者发挥主观能动性，自己"通过一些学习方式，主动接受科学理论、先进思想观念"，将知识内化为自身的品质，进而自主的学习，最后达到提高自身思想认识和道德水平。

综上所述，我们对自我教育的概念可以从以下观点来解读。

第一点，受教育者的主客体统一性。是身为主体的自我对身为客体的自我进行教育，这两种性质是同时出现在一个人身上的，作为教育主体要拎的清，并做到实现主体我和客体我、心理我和生理我、现实我和理想我的统一。

第二点，受教育者已经得到了一定的教育，"他教"是必不可少的过程，"他教"在整个自我教育的过程中起重要的作用。也是由教育者以一定符合社会要求的观念、思想等对教育主体进行有目的有计划的教育，让教育主体认识这个世界。

第三点，教育主体在吸收教育者传递的思想观点时需要一个思想矛盾转化和内化为自身品质的融合期。教育主体需要将在"他教"过程中学到的知识内化为自身的品质，从而在之后教育过程中把自我作为教育的对象，产生自我学习的意识和动力。

第四点，在产生自我学习的意识后，通过一些自我教育的方式，自己发展自己，自己教育自己，主动接受先进思想和自觉提升自己，会自己审视自己和纠错改正，达到自我学习的目的。

第五点，自我教育的过程注重社会要求和自身发展需求的统一，既需要符合社会发展的要求，履行社会的规则和秩序，又需要考虑到自身的发展需求，做到个人习惯和社会行为的统一。

第六点，总结和反思也是自我教育过程中不可缺少的。对整个自我教育的过程进行评价和反思，提高整个自我教育的效率。

所以说，结合以上我们可以对自我教育进行一个大致的理解，自我教育就是在思想政治教育过程中，教育对象根据社会发展和自身发展的要求，产生自我学习的意识，再通过深刻自我意识、调整自我选择、树立自我调控和科学自我评价等方式，利用自己已有的教育知识，在学习过程中克服错误思想和行为，使自己的政治倾向和思想品德不断完善、发展，不断发挥教育的主体地位，将一定的思想道德内化为自身的品质，自己教育自己，自己督促自己，不断提升自身。一切的教育活动都离不开教育主体的自我教育，脱离了自我教育的教育活动都很难达到教育希望的成效，不能单纯地从广义看。

2. 自我教育的必要性分析

大学生自我教育是自身发展的必然要求。当代大学生经过了多年的学习和教育，已经具备了一定的知识基础和文化底蕴，通过高考选拔出来的大学生是我们国家的中坚力量。担负如此重任的大学生，除却在学校中接受教育和学习，更多是要学会自我教育，以便日后能够更好地适应社会，融入工作中。大学生自我教育是社会发展的必然要求。人的思想不是凭空出现的，是在一定的环境下，由各种社会因素相互作用形成的。思想政治教育的经济、政治环境也在发生着变化，环境逐渐开放，大学生的心智和情感都不太成熟，在这样的一个大环境下，大学生为了能更好地适应社会环境和社会的要求，需要不断地增强自身的竞争力，培养自己的知识素养和职业技能等。

大学生自我教育是思想政治教育发展的必然要求。思想政治教育是离不开自我教育的，自我教育是实现思想政治教育的重要方式和途径。思想政治教育需要通过自我教育来提升时效性，开展自我教育有助于完善思想政治教育理论，是思想政治教育的内在要求。在当代大学，自我教育仍然是比较薄弱的环节，大学生的思想政治教育面临着这样或那样的困境，因此应创新思想政治教育的方法，提升大学生修养和完善其人格，促进大学生的全面发展。

（五）坚持榜样教育方法

1. 榜样教育法的含义

从当前学者的研究来看，学者们并没有将"榜样教育法"和"榜样教育"作为严格区分的两个概念。有学者将"榜样教育"定义为教育活动过程，也有学者将"榜样教育"定义为"教育方法"。例如，班华教授认为"榜样教育"是"以高尚的思想、模范的行为、优异的成就"对受教育者进行影响的一种"方法"。"榜样教育"展现的是教育过程性和教育活动性，而"榜样教育法"更多地体现了教育的工具性特点。

从过程性来看，榜样教育是一种教育活动，包括榜样、教育者、受教育者和社会环境四个构成要素。"教"是上施下效，"育"是养子使作善。教育的本义就有学习榜样，言行向善的意思。榜样教育的活动性体现了榜样教育不是单纯的个人活动而是一种社会活动。教育性体现了榜样教育所具有的示范性、矫正性等特点，具有价值引导性。同时，榜样教育也是一种教育过程，榜样的作用就是在这个动态的过程中发挥的。这个过程既包括教育者的施教过程也包括受教育者的接受过程。在施教过程中，教育者要发现榜样、选择榜样、解释榜样。在接受过程中受教育者要观察榜样、学习榜样、模仿榜样。

从工具性来看，榜样教育法是一种具体的思想政治教育方法。它是思想政治教育者为了达到一定的思想政治教育目的在教育活动中采用的特定手段和方法，也是人们对思想政治教育客观规律的一种科学把握和运用表现方式。榜样教育法作为具体的思想政治教育方法是以思想政治教育理论为基础，服务于特定的思想政治教育的。它同时也是教育者和受教育者相互联系的桥梁和纽带，教育者正是用榜样事迹和榜样精神激励引导受教育者从而实现与受教育者的互动和交流的。

综上所述，本文对"榜样教育法"进行如下定义：榜样教育法是教育者根据教育目的，使受教育者自发接受并效仿榜样的优秀品质和模范行为，从而影响受教育者的思想品德和行为规范的一种教育方法。

2. 榜样教育法的特征

（1）生动现实性

生动现实性是榜样教育法的一个重要特性，其主要体现在作为榜样的人不是虚无缥缈的神而是现实生活当中的人，榜样事迹是真实发生的，不是凭空捏造的。榜样教育法通过社会生活中鲜活的人物事迹向受教育者展示高尚的精神品质，其示范性和有效性是建立在现实性的基础上的。榜样教育法是通过引导受教育者对榜样的模仿来实现教育目标的，而榜样教育法的现实性正是为人们模仿榜样提供了可能。在共同的生活平台上，人们会因为榜样人物和榜样事迹的真实存在而去尝试模仿，尝试学习。

（2）感染性

榜样教育法作为思想政治教育的一种重要方法，是为实现教育目的服务的。思想政治教育具有很强的理论性，榜样教育法区别于其他教育方法的一个重要特征就是其具有的强大感染力。榜样教育法不是向受教育者直接灌输理论知识和框架准则，而是激发受教育者模仿榜样的行为，接受榜样的思想观念，用崇高的榜样精神和高尚的人格理念来熏陶感染大众，达到思想政治教育的目的。

（3）时代性

榜样教育法从古至今都是重要的教育方式。榜样教育法的基本作用机制保持不变，但是榜样教育法的具体榜样选取和榜样精神取向随着社会发展而变化。经济基础决定上层建筑，不同历史发展时期有着不同的生产力发展水平和生产方式，因此社会对政治、思想、文化的要求也不同。榜样教育法的时代性主要体现为榜样精神的时代性。榜样作为具体的人是存在于具体的社会关系中，受当下社会发展条件所制约的。特定历史时期的榜样集中体现着当下社会的主流价值和思想观念，是被人民群众所认可和接受的，代表着统治阶级的思想。战争年代的邱少云、刘胡兰，展现了不畏牺牲的为国奉献精神；新中国建设时期的邓稼先、雷锋、钱学森，体现了大公无私的为人民服务的精神；改革开放以来不断涌现的榜样体现了抗洪精神、航天精神、女排精神、汶川精神、抗疫精神等。每个时代的榜样都集中代表了当下社会的需要和人民群众的价值取向。不同历史时期的主流榜样不同，同一榜样在不同时代被赋予的时代内涵也会有所变化，反映了人们在不同社会环境下价值取向和道德标准的变化。榜样教育法的时代特征保证了榜样教育法的强大生命力和持久有效性。

3. 榜样教育法的教育内容

榜样教育内容是榜样教育法运用的重要基础和来源。由于榜样、教育主体、教育客体以及教育环境多因素的影响，榜样教育的内容较复杂。

（1）榜样事迹教育

榜样事迹是受教育者接触榜样的第一步。人们总是从知道榜样的生动事迹开始认识榜样、学习榜样、接受榜样高尚品质的感染和熏陶。榜样自身的优良品质和先进的思想道德水平不会直接展现给教育对象，要通过具体的事件和行为与受教育者产生情感共鸣。

人们通过知晓雷锋为人民服务的小事而学习无私奉献和助人为乐的精神；通过见证汶川地震的感人事件而学习众志成城的汶川精神；《感动中国》栏目通过展示榜样事迹来宣传和弘扬年度人物的崇高品质。伟大的贡献往往渗透在平凡的小事中。榜样事迹的具体存在就是告诉人们，榜样精神不是虚无缥缈的，优秀的榜样人物不是高高在上的。所以榜样事迹是榜样教育法实施的重要内容构成。

（2）榜样能力教育

"能力"是完成一项目标或者任务所体现出来的综合素质，直接影响着活动效率，是一种重要的个性心理特征。榜样能力既包括了人人具备的基本能力，比如观察能力、记忆能力、思维能力以及注意能力等，也包括了特殊的专业技能，比如写作能力、运动能力、音乐能力、教育能力等。

榜样人物的震撼人心的事迹，比如医者路边救人、群众跳水救人、科技工作者的科研等，都不可避免地以榜样能力做重要支撑。榜样能力教育告诉受教育者，人人可成为榜样。榜样特殊能力教育告诉受教育者，榜样人人不同。三百六十行，行行出状元。运用榜样教育法要注意加强榜样能力教育，培养人的专业技能，让人们学会在平凡的岗位和领域挖掘自己的潜能，提升自我价值。

（3）榜样精神教育

榜样精神教育是榜样教育法的核心内容。榜样事迹和榜样能力的教育都是为实现榜样精神的传承和发扬。运用榜样教育法对大学生进行思想政治教育最忌空学人物事迹和表面文章，应当深入学习榜样人物所代表的崇高精神。要坚持事实教育和精神教育的统一，重点引导大学生透过表面的事件感悟榜样人物身上体现的无私奉献、一心为公、全心为民等高尚品质。通过榜样精神教育可展示榜样教育法的激励性和感染性，实现对受教育者的精神引领。

二、高校德育方法创新的主要途径

（一）对传统德育方法的继承与创新

对于中国传统德育方法，我们应抱着继承和发扬的态度去对待。

1. 对德育方法的继承

对于高校德育方法的继承应从两个方面来看待。第一方面是思想的继承。德育在我国有良好的教育环境和教育成果，在德育方面，我们的"三大纪律、八项注意""为人民服务"等都为我们留下了宝贵的财富。在思想上继承，即建立良好的道德观念，从道德层面来强化对学生的教育，使学生树立健康的价值观。思想的继承要与时代相适应，从本质上把握德育的思想。第二方面是方法的继承。对于传统德育方法的继承，我们应与时俱进，利用科技成果和现代理念，吸收先进的教育思想，与传统的教育方法相结合，丰富我们的德育思想和手段，使我们的教育更能为大学生和高校教师所接受。

2. 对中国德育方法的创新

我国传统德育方法在几十年的德育中发挥着重要作用，为德育思想的传承和发展搭建了平台。随着改革开放的深入、社会的发展、外国思想的传入，高校德育面临着很多问题和挑战，因此其应跟随着时代的发展与时俱进。具体可从三方面推进德育的创新。

第一，德育方法的创新要与社会发展相结合。德育要面对和解决许多社会问题，把握社会热点，从德育方面进行阐述和分析，与社会紧密结合，是我们进行德育创新的首要任务。

第二，德育方法的创新要借鉴国外的教育思想。把国外先进的教育思想与我们的德育相结合，吸取积极的因素，更准确、有效地开展大学生德育。

第三，德育方法的创新要与科技的发展相结合。现代社会高速发展，科学技术在许多方面给我们的社会带来了革命性的变革，推着社会的快速发展，影响着我们的生产、生活。把科学技术引进德育课堂，可使德育更贴近社会和生活，提升学生学习的积极性，使德育课堂更生动和更有时代感。

从以上三个方面进行德育方法的创新，将会使我们的德育更易于被大学生接受，德育的效果会更突出。

（二）对国外现代教育方法的吸纳与借鉴

我国传统德育模式改革，需要在借鉴国外经验的基础上，与社会理想、责任、义务等方面进行结合,使德育内容更具体、更有针对性和可操作性。而强化个人的创造性、创新性则无疑是最受重视的原则之一。这些内容更深入地反映出了本民族、本国的发展需要,也在某些方面体现出社会发展的一般规律和大学生的普遍德育状况,具有一般机制特点和普遍性参考意义。

根据本国实际情况,因地制宜地进行课程安排和进行针对性的内容选择。美国对教育内容的调整力度很大。受到自由教育模式的影响,美国在相当长的一段时间内,不开设独立的德育学科,而是通过其他学科的渗透以及各类社会实践性教育活动,对学生的道德进行培养。美国提出责任公民的教育理念,目标和主要任务是将学生培养成具有社会责任感、公民责任感以及爱国主义精神的公民,于是在各中小学,开始增设公民课程和道德课程。例如,加利福尼亚州开设了社会学习课,主要内容是道德、公民责任以及民主社会规则。纽约州开设的"参与行政管理课"内容与此大同小异。法国提出的理念是将学生发展成自由人,使其成为真正的具有社会道德属性的公民和劳动者,培养学生的自律精神。英国提出的德育目标是培养理性精神和自治精神。

德育教育和智育一样,具有多样性特点,无论是课内还是课外,都需要进行设备、技术、人员以及资料等诸多方面的投资,没有投资,德育只能是一座无法有效运作的空中楼阁,不具有实际意义。对德育进行投资,是最有效的方式之一。

由于德育属于精神方面的教育,所以在硬件投资上,一直被忽视。随着教育观念的更新以及科技发展水平的提高,各国的观念都开始转变,开始重视投资对于德育的作用。

此外,在我国当前的教育模式语境下,可以对其中的诸多内容进行改良和信息更新,还可以制定针对违反道德行为的防范措施,主要不是为了惩罚学生,相反是为了保护他们,使其不受伤害。因而防范措施的制定和系统化,就成为需要努力的目标之一。重视与家庭和社会的德育结合,也是一种非常有效的方式。

(三)建构以学生发展为本的教育方法体系

世界上多数国家都高度重视青少年的品德教育,但由于社会制度、传统文化、教育发展水平以及社会问题等诸多因素的影响,各国家所面临的大学生的品德问题各不相同。从各个国家和地区的教育模式改革和探索经验可知,要创新高校德育,就应对高校德育改革新方向进行确立,不断地更新高校德育的传统观念,在教学中不断地调整高校德育的内涵和具体方式,探索构建高校德育的科学管理模式,发挥校内校外德育力量的整体作用,对具体学生进行具体的道德教育,防止不良现象的发生。

在强化德育的传统模式功能的同时，还需要以创新教育为依托，不断在德育过程中强化人格教育和人性化教育的重要性；从多个渠道一起构建"主体间性"的教育模式，同时不断增强人与人之间的互动；从整体上构建德育内涵体系和教育知识框架，发挥社区渗透性教育优势；整合校内校外的道德约束与引导机制，进一步完善学生的个性化德育；不断推进社会德育制度建设，营造良好的社会氛围，创建道德价值评判体系；优化当前教育模式和教育制度的育人功能等。

在实现德育目标过程中探索多元化的模式，需要对主体进行多元化的定位。在德育模式中教学是以班级为主体的，这种形式极易导致学生在德育中的个性缺失，在课堂上对学生进行德育，形式过于固定单一，这样就剥夺了学生自由选择的权利。同一个教室里，每次都是同一波学生在这里听讲，时间固定，内容同样是固定的。同一个班级里的学生年龄虽然相近，但是他们中个体的道德水平不一定相同，用一套固定的德育模式去教育一群个性发展不尽相同的学生，其效果可想而知。

传统教育模式中的德育，只停留在课堂上、课本中，德育目标设定需要进一步的具体化。德育的内容读起来像是口号，终归太过抽象，学生似乎是看得见，却又摸不到头脑，很难理解。教师在传授这些知识的时候也只是对这些抽象的理论进行说教，而没有告诉学生应该如何将这些理论具体化，运用到生活当中。德育目标难以实现，是由于它的定位过高，学生的思想境界并没有达到与之相适应的高度。而且其中学生可操作的内容少之又少，理论和实践彻底分离。所以将目标定得太高，会导致实际生活中的操作困难，不利于学生道德水平的提高。

第六章 高校德育内容的传承与创新

德育必须与时俱进，不断进行内容等方面的创新，才能与时代的发展合拍，与社会的进步同步，与科技革命共鸣，才能与大学生的道德、思想、政治水平的发展达到具体的、历史的统一，从而在培养和提高大学生综合素质的教育活动中充满活力。本章主要分为高校德育内容的基本理论、高校德育内容创新的原则以及高校德育内容创新的基本路径三部分，主要内容包括：高校德育的内容、坚持德育内容创新的整体性原则、高校德育内容创新的策略等方面。

第一节 高校德育内容的基本理论

一、高校德育的内容

德育内容来源于生活，随着社会发展不断得以丰富，主要包括人生观、世界观、价值观的培养，马克思主义基本原理、爱国主义、集体主义、民主法制、形势政策以及社会公德、职业道德、家庭美德、学风与校风、团队精神、心理健康等方面。对于这些教育内容，我们应做深入的分析研究，尽可能让这些理论内容贴近生活，并融入学生的具体生活中去，从而使德育的内容为学生理解、接受。随着社会的发展变化，相继出现了人生观的复杂化、价值观的多元化以及信仰的功利化倾向，这促使高校德育内容要及时完善和更新。高校德育工作内容可概括为，以和谐德育为标杆，把思想政治教育有机融入学生素质教育的各个方面，开展思想道德、法律和心理健康教育等，促进学生思想道德素质、专业文化素质和心理健康素质的全面发展。

二、德育内容范畴的扩大

（一）诚信教育

1. 诚信的内涵

诚信是一种内在的精神品质，而且这种内在的精神品质是非常难能可贵的。诚信表现为一个人表里如一，待人真诚与实在，而且在答应别人之后说到做到，没有任何的借口。诚信也在一定程度上说明人本着客观的原则来做事，注重事物本身的实际情况。我国古代的哲学家也强调道德品质的重要性，正如名言所说："人无信，不知其可也。"而且诚信是中华民族的优秀传统美德，有诚信，方立德。尽管我们的时代在发展，我们的社会在演变，诚信可能在不同的时期被赋予不同的含义，但是诚信的内核是不变的，即"讲信用""一诺千金"。而诚信这一道德品质要求，也被无数的中华儿女践行着。

在社会发展中，诚信被赋予了非常多的内涵，我们可以从以下几个方面来进行阐述：其一，诚实。要求为人诚恳，崇尚信义，办老实之事，做老实之人。这是我们在社会中取信于人之根本。其二，守住诺言，答应他人之事要做到。其三，拒绝欺骗。无论在人际交往还是在经济交易中，我们都要厚道，不能欺骗他人，不能以假乱真，不能用哄骗的手段来达到目的，做人做事要讲究良心，要有正气。只有做到了以上三点，才能在社会与生活中真正做到诚信。

2. 诚信教育

我国历来非常重视诚信教育。诚信教育的内容也非常丰富，包括了学校方面的诚信教育、家庭方面的诚信教育等。通过上述不同的诚信教育有效促进社会的转型和进步，是我国传统文化的重要内容和特色。

（1）诚信教育的概念

诚信教育从广义上来说主要指人们在社会生活中所进行的各类道德教育活动。从狭义的角度来说，诚信教育指的是教育者按照一定的社会道德标准和规范，根据受教育者的身心特点进行守信品质的教育活动。目前对于诚信教育还没有一致性的定义，通常诚信教育通过各类教育活动来培养学生的诚信意识、诚信行为，使得受教育者具有正确的价值观，使得受教育者的素质得到有效的提升。

与此同时，诚信教育不仅仅存在于学校中，实际上在人们生活中也可以通过更加广泛的教育活动达到教育目的，如通过组织社会经济实践活动、法律实践活动等进行全方位的教育。

（2）诚信教育的内容

诚信教育主要包括了三个方面的内容。首先是诚信教育的指向对象，主要涵盖了个体诚信和社会诚信。个体诚信主要是个人从内心出发所做出的坚守和选择。其次是诚信的性质，包括了价值和事实。最后是诚信的范畴，包括了内在品德和社会道德。

综上所述，诚信教育指的是通过一定规范和标准对受教育者进行的诚信认知、诚信情感、诚信意志、诚信实践等方面的教育实践活动，在本书中主要指的是学校通过学校场所，按照新时代社会主义核心价值观的总体要求，采取一定的科学的方式方法，对学生进行系列的诚信教育养成实践活动，使得学生在完成教育活动后能够提升诚信意识、养成诚信行为。

3. 大学生诚信教育

大学生诚信教育是诚信教育的一个分支，它将大学生群体定位为主要的受教育者，使大学生群体成为诚信教育的主要研究对象。基于此，我们该如何对大学生诚信教育进行概念界定呢？

结合诚信教育的内涵，笔者将大学生诚信教育这一概念界定为：一定的团体或社会组织按照一定的社会要求，有目的、有计划、有组织地运用诚信道德规范和相关理论知识对大学生进行道德教育，使其在校期间形成符合社会要求的诚信品质。高校大学生作为社会的重要组成部分，年龄大都在 18～26 岁，正是世界观、人生观、价值观日趋成熟的关键时期。然而，现实社会中"逢人且说三分话，未可全抛一片心"的思想严重影响甚至动摇大学生对正确道德品质的追求。这时，大学生诚信教育旨在培养大学生诚实守信、履约践诺、知行统一、不作弊、不剽窃等美好品质的目标正好满足时代发展需要，是促进社会又好又快发展的积极因素。同时，在大学生诚信教育的过程中，社会、家庭、学校可以同时作为施教者，形成教育合力，提升诚信教育效果。而大学生个人除了作为受教育者，还可以在教育过程中发挥自身的主观能动性，占据主体地位，使诚信教育的效果更佳。

大学生诚信教育也有广义与狭义之分，狭义的大学生诚信教育主要是指高校依据社会的需要和大学生自身发展的需求，按照道德教育规律，通过一定的教育手段培养大学生诚实守信的道德品质的过程。广义的大学生诚信教育主要是指社会上能够引导大学生接受诚信理念并最终转化为诚信行为的一切影响因素。

（二）网络道德教育

1. 网络道德与网络安全

网络社会是对现实社会的映射，现实社会中的传统道德也同样映射在网络社会中。学界对网络道德并没有一套完全统一的定论，大概包括下述两种观点：第一种观点指出，网络道德是以虚拟空间为对象所确定的行为参照标准，目的是对人们在网络社会的行为进行制约；第二种观点指出，网络道德的本质是实践观念，是个体对互联网所持的观点态度、在线行为规章等组成的价值机制，是对互联网行为好坏加以评判的依据。《网络伦理》是我国首部系统讲述网络道德的著作，它将网络道德的概念界定为：网络道德实质上是一种行为准则，是对互联网背景下的人们依托网络信息而产生的社会行为加以制约的行为标准。综上所述，笔者对"网络道德"做出如下解释：网络道德是人们进行网络参与时理应遵守的道德规范，确切地说是调整、管控互联网空间中个体和个体间、个体和社会间、个体和互联网间关系的行为标准。

网络既是网络道德的基本场域，也是网络安全的基本场域，2017年我国正式颁布实施的《中华人民共和国网络安全法》中有如下概念：网络安全指的是经过采取有关举措，打击对互联网的毁坏、侵扰、攻击、非法运用等行为，让互联网保持平稳的运行状态，以及确保互联网信息的实效性、保密性、健全性。由此可知，网络道德更多倾向为一种价值准则，而网络安全更多倾向为一种行为准则。

2. 网络道德教育

自教育事业发展以来，传统德育一直是教育活动的重点，而网络道德教育是对传统德育的延伸发展，是道德教育发展的全新领地。关于网络道德教育，当前研究界大致持两种观点：一是互联网背景下对于互联网使用者开展道德教育，大部分是对教育内容进行解释，使网民内化于心，外化于行，约束自我的行为，提高道德品质。二是应当把互联网当作开展道德教育的媒介，这一观点认为网络道德教育的目标、内容等是与一般德育基本相同的，区别只体现在模式与手段层面。笔者更倾向于第一种观点，认为网络道德教育是和传统道德教育有一定差别的教育方式，是以互联网空间为实施范围的具有自身独特性的道德教育方式。

3. 大学生网络道德特征

（1）主体的自律性

党的十九大报告中指出我国社会主要矛盾已经由"人民日益增长的物质文化

需要同落后的社会生产之间的矛盾"转变成"人民日益增长的美好生活需要与发展不平衡不充分之间的矛盾"。时代新了，矛盾变了，指导思想与时俱进了，人民群众的期待也越来越高了，大学生群体更是发生了巨大变化。新时代的大学生在网络活动中呈现出极强的主体意识，网络行为体现出明显的自我需要特征。

人的本质是一切社会关系的总和，人是生活在"熟人社会"中的，大学生群体更是容易受到老师、家长、亲朋的"教育"，他们的道德行为，通常受到面对面关系与道德舆论压力的制约，部分情况下所做的道德抉择并非源自真实的心里想法，而是受外部要素的影响。互联网空间开放、自由的特征使人与人之间的关系建立在数字与符号的基础上，人与人之间的交往存在极强的匿名性，传统社会的现实道德在网络社会出现"失灵"现象。外部的监管力量减弱，高校学生在互联网空间的行为规范大多依托其自身的道德认知、道德观念、道德自控力，大学生自身的主体意识发挥着重要作用。

网络这一开放的世界具有海量的信息，有关于国内外的大事，有最新的学术动态，也有娱乐性质的报道等，声色俱全、图文并茂、动静结合，大学生可以通过网络自主地获取所需要的各种知识和技能，使自身需求得到满足。在全国高校思政专题会上，国家主席习近平指出，中国的大学教育承担着培育德、智、体、美全面发展的高素质人才的责任，为此一定要树立科学的政治方向。在大学思政教育取得有效成果的背景下，大学生群体在网络社会的主体意识虽然提升很快，但并未脱离社会主义教育方向，反而大学生群体的主体自律性还有所提升。时代在发展，大学生的思想观念也在发展，政治参与度有显著提升，他们立场坚定，热情奋进。在问及"您在网络生活中是否有过网络造谣、网络暴力、网络欺诈等行为"时，只有2%的大学生表示在网络生活中有此类行为，86%的大学生在网络生活中基本能够做到规范自身网络行为，自律性较好。

（2）取向的复杂化

新时代的大学生多为"00后"，他们出生时中国特色社会主义建设已经进入平稳发展阶段，我国已经是名副其实的社会主义现代化网络大国，随着2G网络到5G网络的发展，网络表达也已经由过去单纯的文字、图片展示变为全媒体、融媒体的新表达，新时代的大学生所使用的网络已经不仅仅是一种技术手段了，它已经深入大学生学习、生活的各个方面。随着网络技术的飞速发展，全媒体、融媒体等新技术已经渗入大学生的日常生活，但大学生群体的价值观并未建立稳固，从众、猎奇心理又时刻伴随着他们，在面临选择时就会迷茫。

相比现实社会，网络社会包容性更强，不同信仰、不同价值观都能够融入其中，彼此之间的对话交流、冲突碰撞为人们提供了多种道德选择的标准。网络社会作为一个价值多元化的社会，维护正常秩序的主导道德存在其中，不同网络主体所特有的道德标准也存在其中。经过对话交流、冲突碰撞之后，一部分能够相互融合，做到水乳交融，你中有我，我中有你；一部分无法融合，但由于彼此间无实质的利害关系而求同存异，这些无法融合的价值观念、风俗习惯、生活理念交织在一起，就使网络道德呈现出复杂化特征。当大学生接触这些文化的时候，出于猎奇心理或者从众心理，就会潜移默化地受到影响，从而导致自身价值观念发生变化。

（3）发展的超前性

随着网络空间全媒体、融媒体手段的发展运用，出现了一系列新的网络现象，如网络直播风靡、弹幕文化兴起以及网络剧大爆发，这些活动中的生力军就是大学生群体。这些网络空间的"新现象"既在人们的意料之中，又在人们的意料之外，充分体现了网络发展的超前性。网络道德的发展也受到了影响，作为一种意识而存在的网络道德具有相对独立性，时有超前，时有滞后。道德作为一种价值目标往往包含一些高于现实的理想元素。网络道德是伴随互联网的出现而诞生的事物，其一方面具有落后性，另一方面又具有超前性。就某个维度而言，互联网社会的即时通信使人们的沟通交流更富个性，人们在虚拟空间的道德观念总体上更加宽容、友善、文明与平和，这是道德文明发展的大趋势，也是"超前"的表现之一。另外，网络社会的自由度与开放度要高于传统社会，但因其缺乏外在监管体系，要确保互联网社会的健康运行，便对人们的道德自控力提出了更高的要求。对于当代大学生来说，网络已成为他们主要的生活方式，通过网络，他们能在第一时间知道全球各个角落的信息。正青春的大学生群体处在道德树立的阶段，如果现存的道德观和自己的需求一致，那么就会被其吸引，如果从中发现了合理性，就会对其认同，从而构成大学生网络道德发展的超前性。

4. 大学生网络道德教育的必要性

（1）营造秩序规范网络空间的必要条件

21世纪以来，网络取代报纸、广播、电视等传播媒介的主体地位，成为社会上影响最大的传播媒介。网络虚拟社会的发展给人们的日常生活带来了巨大变化，人们精神生活得以丰富，生活质量得以提升，生存方式发生变化，网络已经遍布在社会生活的各个角落，对人们的各个层面均产生了较大的不可忽视的影响。人们对互联网的依赖性加强，互联网不单单是一种工具，还是全新的生活模式。但是网络虚拟化的生存方式使得人们认为网络虚拟社会中都是虚拟主体，不是现实社会中客观存在的人，传统的道德准则对人的约束力弱化，甚至会出现网络与现实混为一体的情况，直接影响到现实社会生活。

党在第十九届全国人民代表大会所作的工作报告中提到，要加大网络构建力度，构建互联网治理机制，打造规范的虚拟社会。虚拟社会是网友的精神基地，积极向上的网络环境能够满足网络参与者的根本需求，而消极懈怠的网络环境则会违背网络参与者的根本利益。新时代提高大学生网络道德水平一方面需要通过完善的网络法治体系约束网络主体的行为底线；另一方面需要规范的网络伦理价值维系网络主体的道德素质与修养。自律行为的养成需要道德观念的约束，风清气正的网络环境是满足网络主体网络参与的基础保障，也是维护网络主体自身利益的有效保障。良好网络环境的建立需要立足于网络精神文明的构建，让网络道德的教育功能得到全面的发挥。唯有加大对高校学生这个互联网重要参与群体的道德教育力度，培养科学的、健康的道德思想观念，规范文明、有序的网络行为，才能发挥大学生网络参与的积极作用，同时将负面影响降到最小，营造秩序规范、和谐文明的网络空间。

（2）规范大学生网络行为、促进大学生全面发展的必然要求

对个人来说，道德能够体现自我修养与实现人生价值。对社会和国家来说，道德体现了秩序与和谐。随着全媒体时代的到来，网络已经是当前最具影响力的传播媒介，是推动社会主义精神文明建设的有生力量，也是弘扬社会正能量的有效渠道。重视并提升新时代高校大学生网络道德教育既体现了顺应时代发展潮流的需要，又体现了社会主义精神文明建设的必然要求。

"青年兴则国家兴，青年强则国家强"，当下，大学生正处在易于接受新鲜事物和乐于追赶潮流的年龄阶段，是当前网络活动参与时间最长、参与度最高、受网络活动影响最深远的群体。大学生对网络的依赖性已经逐步养成，自控能力、认知水平、辨别能力等方面都有所欠缺，导致他们更容易受到负面因素的影响，形成不科学的理念，做出网络失范行为，甚至违法犯罪行为。在这一重要时期，应当注重对大学生群体的网络道德教育工作的开展，以提升学生对不良信息的分辨力与抵制力。因此，加强网络道德教育是规范高校大学生的网络行为以及促进高校大学生全面发展的必然要求。

（三）生态道德教育

1. 生态道德的概念

生态一词最初来源于生态学。后来《现代汉语词典》将"生态"抽象定义为"生

物在一定的自然环境下生存和发展的状态，也指生物的生理特性和生活习性"。我们今天所说的生态具有较广泛的意义，是以实践活动为基础形成的人与人、人与自然、人与自身的关系及生存状态总和。"道德"二字包括道和德两个方面的含义，道是自然规则，德是脱胎于自然的人的品质。道德是基于一定的立场，通过对人和事物善恶、美丑、是非、对错等的评价，进而实现对人际关系的调节、社会秩序的维护等目标的社会价值形态。道德不仅可以用来调节人与人的社会关系，还可以用来调节人和自然的生态关系。

如今，工业文明快速发展带来全球化的环境问题和严峻化的生态危机，迫使人们开始深刻反思生态道德的重要性，想要维持人类社会长久生存和发展，就需要将自然纳入道德关系中，重视从道德领域处理人与自然的关系。生态道德是道德的重要范畴，把过去道德所探讨的人与人的关系，拓展到了今天道德所衍生出的人与自然的关系。生态道德将自然作为道德关系的主体，凸显了生态环境保护的重要性，用一系列生态道德规范来明确人们所应承担的生态道德责任。

2. 生态道德教育的概念

生态道德教育，是指一定的社会或阶级，为了使人们在生态活动中遵循生态道德行为的基本原则和规范，自觉地履行维护生态平衡的应尽义务，而有组织、有计划地对人们施加系统的生态道德影响。生态道德教育追求的是人与自然的和平共处、相互依存的生存状态，引导社会成员逐步形成一种不仅能维护生态利益，同时又能充分感受自然、提高生活质量的生活方式。生态道德教育要求人们以实现人和自然可持续发展为最终目的，依靠内心道德自觉承担起保护环境、维护生态平衡的责任。

生态道德教育就是要多元化的教育主体通过多样化的教育方式向广大群众传播生态环境和生态道德知识，帮助他们形成道德责任感。道德责任感的形成离不开人们道德认知的发展，道德认知的发展又影响和制约着道德行为的生成。可见，生态道德教育作为一种崭新的道德教育活动，既要帮助人们认识到保护生态环境的重要意义，形成生态责任感，又要帮助人们养成保护生态环境的习惯，使人们在现实的生活当中能够承担起责任，维护生态秩序，保护生态环境。

3. 大学生生态道德教育

大学生作为今后国家建设的主力军，他们的思想道德素质必定会对整个社会产生关键性影响。高校要更好地肩负起推进生态文明新常态、建设美丽中国的时代使命，就一定要及时针对大学生群体开展生态道德教育。大学生是站在社会前沿的群体，必须受到重视，国家要对这一群体进行系统培养，使其主动关注生态环境问题，学习相关知识，增强生态道德意识，并有能力积极解决生态环境问题，最终成为有生态责任感的中国公民。高校通过教育积极引导和帮助大学生塑造正确的人生观、道德观以及价值观，促使大学生在潜移默化中养成保护生态环境的好习惯。

大学生生态道德教育作为大学生思想政治教育的应有之义，要求思政课教师、大学生辅导员等生态道德教育工作者在准确把握生态道德教育要义的基础上，站在生态教育研究和实践的前沿，遵循大学生身心发展规律，开设生态道德教育课程，营造良好的生态道德教育环境，利用多样化的载体，通过一系列的生态教育活动，对大学生的生态认知、生态情感、生态行为施加全方位的影响，进而促进大学生生态责任感的树立、生态行为的养成，以及生态实践的常态化发展。

4. 加强大学生生态道德教育的现实意义

（1）有助于提高大学生生态道德素养

大学生是具有较高文化的知识分子，是社会发展的有生力量，国家的事业、民族的事业都离不开大学生的拼搏和奋斗。建设生态文明，实现美丽中国梦，也需要广大大学生的协同努力。今天的大学生是否树立起了生态道德观念，是否树立起了生态责任感，对于其今后是否按照科学发展的规律去生活和工作具有重要的影响。

随着社会的快速发展，诸多社会问题相继产生，特别是生态环境危机的到来给人类敲响警钟，紧抓大学生生态道德教育，培养他们的生态环境保护意识成为树立生态道德观的开端，帮助大学生成为理性"生态人"是解决生态环境危机、保障经济发展的重要举措。生态道德教育是马克思主义生态文明思想与时代相融合的结晶，是大学生思想政治教育在新时代创新的产物，是高校培养社会主义有用之才的时代使命，也是高校思想政治教育的重中之重，同时也是提高大学生生态道德素质的必然要求。因此，必须针对当前大学生生态意识的基本情况，积极开展生态道德教育，帮助其及时形成正确的生态道德观，自觉养成维护生态环境的行为习惯。

（2）有助于增强大学生生态道德教育实效性

大学生是未来社会发展的支柱，将来会成为各行各业的佼佼者，他们的生态道德意识和生态道德行为对社会环境问题的解决和社会经济的可持续发展将产生重要影响。传统的思想政治教育更注重学生社会人格的完善，忽视生态人格的培养，更重视大学生用专业知识技、能服务社会，促进社会生产的价值贡献，却没能及时教会他们如何正确处理人与自然之间的关系，以至于现在部分大学生在此方面的能力欠缺，所以高校思想政治教育更应该重视贯彻人与自然和谐共生的教育理念。

思想政治教育的外延在不断拓展，生态道德教育就是其一。尤其是在市场经济时代，我们更要重视市场经济负面影响的渗透。部分市场主体在国家监管弱化的情况下容易出现为了追求利润最大化而破坏环境的情况。对大学生开展生态道德教育，使他们一开始就认识到人与自然关系的本质，有利于他们走向社会后养成良好的思维方式和行为习惯。开展生态道德教育，是思想政治教育在今天面临的重要课题。虽然当前国家和高校都重视开展大学生生态道德教育，但现实是高校缺少系统的生态道德教育，大学生生态道德素养不高。针对这些情况要采取相关措施增强大学生生态道德教育，构建适用于大学生群体的生态道德教育体系，以此增强大学生生态道德教育实效性，使大学生成为具有良好生态道德素质的理性生态人。

（3）有助于中华优秀传统文化的传承与发展

一个民族之所以有凝聚力，就是因为有凝聚民族成员、为民族成员共同认可的文化氛围。可以说文化是一个民族、一个国家凝聚力的重要源泉。中华优秀传统文化是我们的民族经过几千年的沉淀形成的。对优秀传统文化的挖掘、传承和分享是增强国家文化软实力、实现中华民族伟大复兴的重要条件。中华传统文化博大精深，其内容丰富多彩，包括独具特色的生态智慧以及充足的生态文化要素，儒家、道家、佛家思想作为中华传统文化的核心，充满对生命的尊敬，以"天道"为主，遵循自然之道，实现人与自然的和平共处。主要思想包括儒家追求的"天人合一"、道家提出的"道法自然"以及佛家追求的"众生平等"等。大学生作为未来社会发展的重要有生力量，是文化的学习者、分享者、传承者，在对他们进行思想政治教育时，要把传统文化中的生态道德观念灌输给他们，帮助他们养成正确的生态思维方式和行为习惯的同时，使其对传统文化有更深入的了解。

（4）有助于推动美丽中国建设

当前中国社会主要矛盾发生改变，人与自然的矛盾更加凸显，"美丽中国"计划应运而生，生态危机的出现是生态道德教育出现的契机，生态道德教育的存在就是为了平衡人与自然之间的关系，推动人们及时化解人与自然的矛盾，促使人与自然形成和谐共生的关系，创建更多能有效解决生态问题或环境问题的方法。

作为21世纪国家的建设者、社会发展的中坚力量、美丽中国梦的建设主体，大学生群体的生态道德素质将会对中华民族的整体素质产生直接影响，因此，增强大学生群体的生态道德教育对于中国建设来说具有明显的现实意义，他们对生态问题的认识、对生态危机的态度以及处理能力，对实现美丽中国梦有决定性作用。因此，对大学生进行生态道德教育，必须遵循行为养成的规律，对他们进行生态知识的教育，帮助其了解相关的知识，树立生态道德观念，从而在处理人与自然的关系时，规范自身行为，保护好环境，为美丽中国建设贡献力量。

（四）消费观教育

1. 消费及消费观

（1）消费

消费是一个复杂的概念，结合国内外学者的观点，可以从经济学和社会学的角度加以分析。消费是指在满足人的生产和生活需求过程中的物质和劳动的消耗。消费不仅仅是人类生存与发展的基础，也是社会进步的必要条件，它贯穿于人类生命活动的始终。正如马克思曾经所说，我们自呱呱坠地的那一天起，每天都进行着消费，无论在生产开始前还是生产期间。因此，我们的生活离不开消费。"消费"一词在18世纪中叶被引入经济学，成为社会再生产中一个重要的概念。至此之后，对于消费的研究探讨逐渐增加了更多的社会和人文底蕴。

首先，在经济学中，社会再生产由生产、分配、交换和消费四个环节构成，其中消费是最终环节。《大不列颠百科全书》以及《中国大百科全书》对消费的定义：对物质资料和劳动生产的消耗，消费是一个和生产对应的概念，也是一种经济的行为模式，产品的使用价值驱使人们消耗产品，因此消费是实现产品存在的意义的途径之一。生产决定着消费，为消费者提供对象，反过来消费也影响生产，刺激并阻碍了生产的发展。所以，消费表征人们把生产出的物料及精神产品用来满足人们生活需要的过程和行为，它是恢复所有劳动力及劳动力再生产中必不可少的条件，也是人存在的方式之一。

其次，从社会学的角度来分析，随着生产力的发展、生产方式的进步，人们对于消费已经不再局限于使用价值，而更加重视消费所展现的文化修养、社会地位等。正如法国哲学家鲍德里亚提出的符号消费理论，在消费的关系中，消费者们的焦点不再仅仅是商品本身，更多的是商品所附带的符号价值。商品的符号价值，是商品在消费时被认作一种具有象征意义的符号。由此看来，在这个社会产品极其丰富的现代社会，人们对于消费的认识充满着一种社会文化的色彩。

（2）消费观

进一步看，无论是生活消费或生产消费，还是物质消费或精神消费，就其结构而言，都包括消费观与消费行为两个基本要素。

消费观是人们对消费水平、消费方式等问题的总的态度和总的看法。作为价值观的重要组成部分的消费观，是支配或影响人们消费行为的思想意识，是辩证是非的基础。在特定的时间地点，消费观总是稳定和持久存在着。这说明需要对主体进行正确的引导，以防止消极的消费观的形成。消费观引导着人们的消费水平、消费行为、消费特点。

马克思曾经说过，"消费的需求比生产增长得快"，生产和消费是相互增长、相辅相成的，再生产的四个环节为生产、分配、交换、消费。消费作为四大环节之一，是恢复并发展劳动力不可或缺的因素。马克思认为"机器的发展是必然的"，随着不同时期的科学技术的发展，第四次工业革命在21世纪已然展开，大家已经不再满足于解决温饱问题，人们对于消费的需求和观念都有着不同的意识。在中国特色社会主义条件下，我国经济的增长速度飞快，人们对于消费的观念也由物质消费为主转变为现在的精神消费和物质消费相结合的形式，多元化的消费观正在形成。随着改革开放的不断深入，顺应新时代特征的理论不断发展，如绿色消费理论等。

2. 消费观教育

消费是人类社会发展过程中的一个永恒的话题。主体秉承的消费观念不同，他们表现出来的消费行为以及消费途径和模式也会存在差别，当然这种差异也会体现在消费结构上。所以说主体是否拥有科学的消费观，直接关乎消费主体消费结构的合理与否，关乎消费方式的好坏，也关乎消费行为健康与否。但科学的消费观并非与生俱来，它需要教育加以引导，即进行消费观教育。我国学者卢嘉瑞指出，消费观教育是一项具有组织性和计划性的社会教育活动，这项活动的基本内容就是基本的消费知识和与消费相关的技能的教授，这项活动所追求的目标是提高学习者的素质，帮助其改变落后的消费观，从而预防或避免其不理智、不合理的消费行为。

消费观教育通过开展一系列的活动使接受教育的主体，同时也是消费主体在思想上对什么是理智健康的消费观念有所认识并理解其价值所在，在理解的基础上审视自己的认知错误和行为偏差，选择正确且适合自己的模式，培养理智科学的行为习惯，预防和减少非理性消费，杜绝不必要的浪费；与此同时也向学习者们传授一定技巧，使其获得更好的消费体验，掌握合法的维权手段。

从教育主体来看，教授一方可以是家庭年长成员、高等教育院校、社会各企事业单位、政府及其工作部门；接受教育的一方包括但不限于一般消费者、学生、特定群体组织。从内容来看，这项活动主要是向学员们传授基本且必要的消费知识，这些知识包括但不限于消费的类型、方式和结构，主体在接受服务和消费产品的过程中应当遵循的基本原则、应当掌握的技能技巧，如何识别常见的消费误区或者陷阱，涉及怎样保护自己合法消费权益的法律常识。从教育的方式方法上看，开展消费观教育可以运用多种方式和途径，如家庭长辈言传身教、专家学者现身说法、学校教育引导、课堂教学讲授、新闻媒体宣传、社会实践活动、专家座谈会、辅导培训等。从目标任务来看，就个体而言，这种类型的教育活动致力于帮助消费主体形成科学、合理、文明、健康的消费观念，正确审视自己的消费行为，选择合理恰当的消费模式，改正错误的消费习惯，培养良好的消费素质，从而预防或避免非理性消费。就国家和社会而言，开展消费观教育致力于形成健康的消费文化和良好的消费环境，提升国民消费素质，保持和促进经济的良好运行。

3. 大学生消费观教育

首先，大学生消费观教育的内涵是，对学生消费者进行社会教育的一项积极活动。其目的在于通过理论与实践教育等途径帮助消费者树立正确的消费理念，在此过程中，潜移默化地提升消费者的理性消费的能力。我国新时代的大学生消费观教育需要结合当今中国国情，对大学生的消费理念及消费行为进行外部引导与教育，目的在于提升大学生自主消费、理性消费的能力，使其能在高速发展的新时代里甄别各种消费信息，提高自身的理财能力及传扬中华民族勤俭节约的优良传统美德，养成合理适度消费的良好习惯。

其次，大学生消费观教育是一种以大学生为对象而进行的积极引导活动。从年龄上看，大学生大部分都是成年人，理应具备对来自社会的各种信息进行甄别和判断的能力，但从社会经验来看，大学生容易受到西方消费主义潮流的影响。其价值观正处于一个关键的塑形阶段，因此，在此阶段对其进行消费观教育是至关重要的，树立一个良好的消费观对大学生日后形成积极的人生观和价值观能起到一个铺垫作用。

最后，大学生消费观教育应当作为一个系统性的教育工程来看待，不仅需要结合大学生消费活动中的一些表现特征对应地拟定合理的教育方案，还需要结合各个大学生的家庭成长背景，细致化地进行个别消费观教育。高校教育除了开展课程教育活动，更需要理论联系实际，模拟消费场景对学生进行教育，将学校、家庭、社会联合起来，使得大学生消费观教育更加具有实效性与针对性。

第二节 高校德育内容创新的原则

一、整体性原则

经济全球化实际上是人的活动方式、存在方式的社会化发展，也为人自身需要的品德、能力、社会交往关系的全面和谐发展创造了条件。简而言之，经济全球化，需要具有较高文化素养、道德品质和全面发展的人。这就要求高校德育内容创新应以培养全面发展的人为目标，坚持整体性原则。

首先，这种整体性原则致力于把学生培养成全面的人、独立的人、有道德的人、健康的人、创新的人。不仅关注大学生的政治方向、思想观念等意识层面上的问题，也关注他们情感与身心的健康发展；不仅注重大学生知识、技能、思维的培养，也十分重视他们人格素质与社会能力的培养。

其次，高校德育是社会主义思想道德体系的重要组成部分。在"建立与社会主义市场经济的发展相适应、与社会主义法律相协调、与中华民族的传统美德相承接的社会主义思想道德体系"这一目标的指导下，整体性原则还体现在处理好德育与"市场经济、法律、传统美德"三者的关系上。

为此，高校德育内容应着力于以下三个方面进行改进：一是引导大学生正确认识市场经济的特点及运行原则，正确认识"诚实守信"等市场运行所必需的道德要求的重要作用，对大学生进行与市场经济相适应的社会主义道德教育；同时，突出"诚实守信"等基本道德的教育。二是加强大学生法律制度观念教育。在法治与德治的紧密结合下，培养大学生的道德自律意识。三是坚持弘扬和培养民族精神，对大学生进行中华民族优秀传统和革命传统教育。

二、层次性原则

德育目标有一个层次化、系列化的过程，德育内容的安排也有相应的层次化、系列化过程。对于大学德育来说，德育内容的层次化尤为重要。这是因为，高校德育内容既要立足现实，又要面向未来，适度超前，为大学生将来走向社会奠定良好的思想道德基础。传统的德育内容中往往只注重培养大学生的"共产主义"道德情操，却忽视或淡化了对他们进行基础文明教育及公德教育，使道德教育只流于形式，违背了德育的规律，导致大学生的道德素质经不起考验。因此，大学生的德育要分层次、有系统地进行。这样既避免了与以往学习中德育内容的重复，也避免了基本道德常识的缺失，而且也符合育"德"的规律。坚持层次性原则，高校德育内容就要从基本品德、基本价值观着手，为人才发展打下良好的心理品质和行为规范基础；从学会做人做起，从身边的事做起，从日常的行为规范做起，树立起对善与恶、正义与非正义、公正与偏私、诚实与虚伪、光荣与耻辱等基本的价值判断；从做一个合格的公民出发，在进行基本文明习惯和行为规范教育的基础上，加强大学生的社会主义道德教育，培养大学生崇高的理想和信念，促进大学生的全面发展。

三、主体性原则

这包括两层意思：一是德育内容的选择及组织要以德育对象的品德实际、心理特点为基础；二是德育内容体现的是人的道德发展的要求，应以促进人的全面发展为目的。从当前大学生思想政治状况来看，大学生的思想政治素质的主流是好的，他们坚信共产党的领导，对党和国家的前途充满信心，关心国内外大事，人生价值取向积极务实，全面提高自身素质，努力成才、成功的愿望和自觉性更加强烈。但也存在一些薄弱之处，如不能深层次把握政治理论的内涵，认识问题不全面，功利性较强，集体主义观念淡薄，抗挫折能力弱等。针对当前大学生的思想政治状况，高校德育内容要及时关注新变化，通过引导学生正确认识社会需要和自我发展之间的关系，来解决大学生成长进步中存在的思想和道德问题。德育还要关心大学生的困难，把思想教育和解决实际问题结合起来，把关心、尊重、爱护和严格要求结合起来。

第三节 高校德育内容创新的基本路径

一、高校德育内容创新存在的问题

（一）德育内容泛政治化

德育内容要重视人本，注重受教育者的权利和价值。但目前我国德育内容主要包括思想教育、政治教育和道德教育。例如，"德育是教育者根据一定社会和受教育者的需要，遵循品德形成的规律，采用言教、身教等有效手段，在受教育者的自觉积极参与的互动中，通过内化和外化，发展受教育者的思想、政治、法制和道德等方面素质的系统活动过程"。学校德育内容泛政治化倾向，反映出当前我国德育内容"重社会轻人本"的倾向。

（二）德育内容脱离生活

改革开放以来，市场经济欣欣向荣，多元的价值观不断涌现，与我们的原有观念产生冲突。想要与世界接轨，我们的文化就需要有一定的"吞吐量"，取其精华，去其糟粕。德育作为五育中的"指路标"，也需要更新自己的内容，与受教育者的德育水平和需求相呼应。然而目前我国学校德育内容仍是陈旧的理论，脱离了受教育者在新时代发展中可能面临的德育困境，忽视了学生的道德要求。

德育内容脱离学生生活实际，就相当于剥夺了学生的道德体验，逼迫学生形成道德情感。没有情感体验的育德，学生只是懂得些道德知识的皮毛，像背诵顺口溜一样记忆道德知识，遵守道德规范。学生严格按照学校制定的行为规范度过学校生活，并且配合班主任"度过"德育的量化考核，如"周一班级红领巾数量比拼""公开课学生当托"等。脱离生活的德育内容，让师生都"应接不暇""苦不堪言"，更无法真正地形成品德。

（三）德育内容偏功利化

新中国成立70多年来，我国社会主义制度充分发挥着"集中力量办大事"的优势，引领我们渡过各项难关。我国德育价值取向不可避免地也是社会价值占据主导地位，学校德育内容忠于德育价值，相应地忽视了个体自身的价值。

近年来，"清退咸鱼师生""取消清考""消灭水课"一度成为高等教育界的热词。"水课"是指部分大学教师无视教学质量，日复一日在讲台上念着陈旧的PPT，大学生在讲台下玩手机、打游戏、追剧、听音乐。"课堂管理松、课后作业少、考前划重点、批卷子放水、师生都省心"是一些高校"水课"的真实写照。不过这仿佛成了公开的秘密，教师与学生共同完成上课表演。大学生的考试更是"私欲重灾区"，考试不过补考，补考不过重修，重修不过，还有最后的救命稻草"清考"。学生在校期间无论挂了多少科目，有多不合格的分数，经过"清考"都会一笔勾销，顺利毕业，这使得"混日子"的大学生更加有恃无恐。为了好看的高毕业率、就业率、科研成果数据，为了高校排名，为了可观的行政拨款，学校德育内容成为功利化、行政化的产物。但是我们的德育是为了育人，放大德育的部分社会功能，自然会影响到育人的效果。

二、高校德育内容创新的策略

（一）由"传统"向"现代"转变

高校德育内容创新需要将时代性和继承性相结合，一方面，德育内容要紧跟时代发展的步伐，充分体现其鲜明的时代特色；另一方面，继承和汲取国内外优秀的德育内容，并运用到学校德育实践之中，用以教育新时代青年。

我国有着悠久的历史文化，其中不乏优良思想。我们可以采取批判地继承态度，将这些优良思想赋予新的时代内涵。例如，从"民为贵，君为轻，社稷次之"思想到"以人为本"的理念，从"天地人和""和为贵"思想到和谐社会的理念，从"人生自古谁无死，留取丹心照汗青"的爱国情怀到爱国主义思想，从"民无信不立"的思想到现代诚信观念等，都是我国传统思想道德之精髓。此外，还有"万善孝为先"的人伦原理，"言忠信，行笃敬"的诚信理念，"匹夫不可夺志"的意志品质，"静以修身，俭以养德"的修身思想等也是大学生提高思想道德的精神源泉。

从全球范围来看，当今世界也有诸多优秀的文化思想，高校也要注意汲取与运用。比如，爱因斯坦曾说："一个人的价值，应该看他贡献什么，而不应当看他取得什么。"培根讲道："毫无理想而又优柔寡断是一种可悲的心理。"孟德斯鸠谈道："谦虚是不可缺少的品德。"还有竞争意识、质量意识、职业意识、服务意识等思想可以运用到我国市场经济之中，做到洋为我用，将世界文明成果与我国优良传统道德融为一体，为学生的德性成长提供广阔的思想道德源泉。

（二）由"高"向"低"转变

传统道德非常注重爱国主义、集体主义等内容，这些德育内容是学生道德素养的最高境界，事实上要求过高了，脱离了学生的现实生活，缺乏亲和力、感染力、号召力、影响力，降低了高校德育的实效性。因此，我们的德育内容必须实现由高到低的转变和创新，即要求德育内容来源于学生、贴近学生现实生活，开展适合学生身心特点的德育实践活动，真正发挥德育在学生思想品德塑造中的重要作用。另外，德育内容要步步为营、循序渐进，比如，引导学生从爱父母、爱朋友再到爱人民；引导学生从爱家庭、爱学校再到爱国家；引导学生从不随地吐痰、不迟到旷课再到成为一名三好学生；等等。总之，要教育学生从高处着眼，从低处着手，在现实生活中不断提升个人的思想道德水平。

（三）由"外"向"内"转变

传统德育属于他律型德育，即用强制的方法灌输道德规范。这种德育的突出特点是，教师就是神圣权威，学生必须绝对服从，给人以"囫囵吞枣"的感觉。没有启发学生的思想，学生也不会得到情感上的体验，阻碍了学生自我思考、自我选择、自我教育等能力的培养和提高，压抑了学生的个性发展，违反了教育客观规律。因此，我们必须予以创新，实现他律型德育向自律型德育转变，使大学生在现实生活中学会自律。目前，学生存在的主要问题有：心理挫折、评价障碍、价值扭曲、责任心差、诚信危机、人格障碍等。我们应该有针对性地创新德育内容。

（四）由"知识学习"向"素质培养"转变

21世纪对人才素质培养提出了新的要求：第一，要求学生具有崇高的道德修养和社会责任感；第二，要求学生具有较强的适应能力、开拓能力和创新能力；第三，要求学生理论联系实际，用科学的方法解决困难和问题；第四，要求学生进行自我个性发展；第五，要求学生树立终生学习的观念；第六，要求学生增强团结合作意识。

因此，高校德育内容应该结合21世纪对人才素质培养提出的要求进行创新，即以社会主义和谐社会理论为指导，在抓学生知识学习的同时，还要培养学生良好的工作责任意识、规范意识、质量意识、竞争意识、创新意识、服务意识、沟通意识与团队合作意识，拓展学生素质，最终实现人的全面发展。

第七章　实现高校德育现代化的路径选择

高校德育现代化是教育现代化的重要组成部分，是社会现代化的关键和前提。在对高校德育现代化的构成要素及特征、演进历程、取得成果、存在问题等方面进行一系列分析后，我们清楚地认识到转型时期的高校德育工作虽然取得了一定成绩，但与实现中华民族的伟大复兴这一宏伟事业对人才培养的要求、与大学生应对瞬息万变的国际国内形势的能力需要还有差距。因此，高校德育工作必须积极应对，自我体察，主动变革，以适应社会现代化发展和大学生人格现代化发展的需要。

第一节　高校德育现代化的理论进路与实践出口

一、高校德育现代化的理论进路

高校德育工作是提升大学生精神素养、塑造大学生灵魂的重要教育组成部分。基于此，在高校德育现代化的研究中，要坚持以对"人"的研究为理论进路，保证高校德育现代化研究的科学性和针对性。在高校德育现代化的语境下，对"人"的研究要从多维度进行。

（一）马克思人学理论维度

马克思人学理论内涵丰富，论理深刻，是一个完整、系统、科学的理论体系，在人类社会发展的历史长河中，始终保持着旺盛的生命力。马克思人学理论关于人的本质、价值、需要及发展等的科学论断为人的现代化发展从本体论和方法论上都提供了理论依据和现实指导。

其中，马克思关于人的本质的社会性、实践性和发展变化性为促进大学生德性发展和人格现代化提供了科学的理论依据。关于人的自我价值和社会价值的深刻分析，为促进大学生德性发展和人格现代化提供了功能导向。人的需要理论阐明了大学生德性发展和人格现代化的内在驱动力。人的全面发展则为高校德育现代化明确了努力方向。

（二）马克思主义中国化理论维度

高校德育工作要紧密联系我国国情和社会发展的现状，以马克思主义中国化理论为具体指导，发挥其在大学生德性发展和人格现代化过程中的方向性作用，增强大学生的道路自信、理论自信、制度自信和文化自信，使大学生增强政治认同和国家意识，坚定共产主义的理想信念。

（三）现代化理论维度

要深刻理解现代化的目标性、过程性、状态性和发展性等本质特点，以人的现代化理论为基本指导，注重大学生主体意识、主体品质、主体能力的发展，为大学生德性发展和人格现代化奠定内源性基础。

（四）教育学理论维度

高校德育是高等教育的重要组成部分，既有教育自身的特殊性，也必须符合教育的基本属性。在高校德育现代化过程中，要结合教育的基本属性，遵循大学生身心发展规律，在大学生道德知识的获得、道德评价系统的形成、道德情绪的培养、道德行为的转化和道德品质的提升等方面广泛开展教育，进而促进大学生德性发展和人格现代化。

总体来讲，要从高校德育的教育属性入手，结合高校德育现代化的"现代化"特质要求，针对大学生德性发展和人格现代化的具体问题，将马克思人学理论、马克思主义中国化理论、现代化理论和教育学等相关的多维度理论相互交叉融合，形成新的德育理论视角，深入探究大学生道德品质发展的客观规律，为高校德育现代化实践体系的构建提供理论指导。

二、高校德育现代化的实践出口

从本质论的角度来看，不管是高校德育现代化的本源性还是其发展目标，都从属于社会实践的属性。由此可见，在高校德育现代化研究中，注重实践研究，科学合理地构建实践体系，充分发挥其现实性和实效性是高校德育现代化的价值所在。

高校德育现代化是一个复杂的系统工程，在实践体系构建过程中要体现系性。高校德育现代化实践体系由理念要素、主体要素、内容要素、工具要素和环境要素五部分构成。高校德育理念要素是高校德育现代化的出发点和归宿点，在整个过程中起到导向性作用，决定着高校德育的性质和方向。高校德育主体要素是高校德育现代化过程中具有能动性的主动行为者，在整个过程中起到主导性作用。高校德育内容要素是高校德育现代化过程中的载体和媒介，在整个过程中起到承载性作用。高校德育工具要素是高校德育现代化过程中的手段和途径，是高校德育工作的时空领域与实施系统，在整个过程中起到联结性作用，对高校德育效果起到决定性作用。高校德育环境要素是高校德育现代化过程中的客观存在，是高校德育工作的"第二课堂"，在整个过程中起到辅助性作用，又对高校德育效果起到检验性作用。

这五大构成要素虽各有其内涵和特征，也发挥着不同的作用，但总体上它们之间相互关联、相互制约、相互作用、相互依存，使高校德育构成一个有机整体。高校德育现代化发展自始至终都要遵循辩证否定观的基本原理。辩证否定的实质是扬弃，要坚持事物发展过程中阶段性和连续性的统一、变革性和继承性的统一。

因此，高校德育现代化包含两个向度：一是传统高校德育向现代高校德育转变的发展过程；二是现代高校德育不断深化发展的过程。由"传统"向"现代"的转变要秉承传统，革弊立新，既要保证高校德育工作合理的内容发扬光大，又要去除陈旧的、落后的思想和方法。立足当前的发展要积极树立发展的思维和前瞻性的眼界，对各构成要素赋予时代的内涵，实现自我发展、自我超越和自我完善，使高校德育富有时代感和吸引力，确保高校德育现代化实践体系符合时代发展的要求。

同时，高校德育现代化又是一种发展状态，在实践体系构建过程中要与社会现代化发展和大学生的现代化发展状态相适应。高校德育现代化的任务是促进大学生德性发展和人格的现代化，进而实现其全面发展，最终目的是促进社会的现代化发展。同时，高校德育现代化发展又缘于并依赖社会的现代化和大学生现代化的发展需要。因此，三者之间要在发展状态上相互适应，才能达到预期效果，实现预期目标。

第二节 高校德育现代化实践体系构建的基本原则

在高校德育现代化进程中，构建一个科学、合理、有效的实践体系是高校德育价值实现的载体，也是高校德育的基本原则。高校德育属于社会上层建筑，构建高校德育实践体系，首先要树立正确的政治方向，确保高校德育现代化实践体系的正确性；其次，构建高校德育现代化实践体系又是确立大学生道德体系、践行大学生道德行为的实践过程。

一、功能性原则

德育作为一种教育形式具有功能性。德育的功能性主要是指德育能够干什么的问题，同时也是开展德育理论研究、规划德育内容、选择德育工具的主要依据。所以，构建高校德育现代化实践体系，必须从价值范畴角度充分思考德育的功能，并以培养什么样的人为逻辑起点坚持功能性原则。对于高校德育现代化来讲也只有坚持功能性原则，才能真正实现高校德育的现代化进程，更好地发挥高校德育的应有作用。

（一）发挥高校德育的社会效用

高校德育社会性功能从马克思人学理论角度理解是指大学生社会价值的实现，是指高校德育通过对大学生道德素质的培养使其对社会政治、经济、文化和自然界发展产生的作用，可以划分为政治功能、经济功能、文化功能和生态功能四个方面。

高校德育的政治功能是指通过培养大学生良好的政治素质与思想道德，实现对社会政治发展的促进作用，包括政治认同、政治支持、政治表现、政治觉悟等方面。德育的经济功能是指德育通过培养受教育者特定的思想道德素质来对经济发展起推动作用。人是生产力中最关键因素，德育通过影响生产力主体因素对经济发展起作用。

高校德育的经济功能是指通过培养大学生的经济思想、经济道德和经济文化，从而影响社会经济的价值取向。

高校德育的文化功能对大学生思想品德的影响是多方面、多角度的，主要表现在规范约束、凝聚激励、健全人格和审美教育等方面。

高校德育生态功能指德育在保护生态、保护环境中的独特作用。通过规范高校德育课程设置和开展德育活动，可增强大学生的环境保护意识，使其树立正确的生态保护观念，规范自己对待生态环境的行为，增强环保责任意识和使命感。

（二）发挥高校德育的协同作用

德育作为教育子系统对平行系统的作用即指德育在教育系统内对智育、体育和美育的促进作用。而这第二种教育性功能是第一种教育性功能的具体体现和最终落实。具体讲就是高校德育通过对大学生道德素质的提升，使他们在智育上能够端正学习态度，明确学习目的，提高学习主动性和意志力，养成良好的学习习惯等；在体育上能够积极参加体育活动，培养增强体质的意识等；在美育上引导大学生追求真善美，促进其健康审美观和情趣观的形成等。

高校德育现代化在实践体系构建及具体实践过程中不仅要保证这些功能的实现，同时还必须具有时代性。

二、实践性原则

高校德育现代化在实践体系构建上要以如何培养人为逻辑起点，坚持实践性原则。坚持实践性原则既要注重宏观把握，设计整体架构，又要微观着眼，把握细节之处，充分体现整个实践体系的科学性、整体性、层次性和可操作性。

（一）体现科学性

首先，高校德育是一门科学，不仅涉及教育学、心理学、社会学、伦理学等众多学科，同时以马克思列宁主义、毛泽东思想、邓小平理论、"三个代表"重要思想和科学发展观以及习近平新时代中国特色社会主义思想为指导思想。

其次，大学生的成长与发展具有规律性。他们的心理水平、道德认识、道德评价以及由此产生的道德态度和道德行为都具有可遵循的科学规律。在构建高校德育现代化实践体系的过程中要保证各要素的有机配合，注重其科学性，防止片面性、形而上学及主观臆断等，形成规范、严谨的科学设计。高校德育的科学性通过高校德育的理念、内容、工具等方面反映出来。高校德育理念决定着高校德育的内容和工具。

（二）体现整体性

高校德育现代化宏观上是由理念要素、主体要素、内容要素、工具要素和环境要素五个方面构成的庞大的系统工程，同时，微观上每个要素又自成体系，有其特定的内涵和构成。在构建高校德育现代化的实践体系时，不能孤立地研究，要充分考虑每个要素所能发挥的作用及相互之间的作用关系，要体现整体性。

从宏观上分析，高校德育的理念要素是"指挥棒"，我们应根据不同的德育目标有针对性地选择不同的内容，根据不同的内容有针对性地选择不同的德育工具，同时还要配合不同的德育环境加以内化和检验，在这一过程中我们还要考虑双主体的认知能力和接受水平。可见，各组成要素之间要互相衔接，科学布局，发挥合力，达到预期效果。

从微观上分析，高校德育现代化各要素的构成自成体系，也要体现整体性。高校德育理念包括理论层面、实践层面和操作层面三个范畴。理论层面的德育理念在德育理念体系中居于指导和支配地位，实践层面的德育理念是在理论层面德育理念的指导下由德育理论工作者和实践工作者在实践中总结而成。高校德育内容中的五个组成部分在实际操作中相互渗透、相互影响、相互作用，保障德育内容体系成为有机整体。

（三）体现层次性

层次性主要体现在三个方面：首先是高校德育现代化的构成要素讲究层次性。正如实践性原则的整体性一样，我们既要宏观上考虑理念要素、主体要素、内容要素、工具要素和环境要素五个构成要素的层次性，也要从微观上在各要素内部考虑其组成部分的层次性。其次是大学生道德发展水平讲究层次性，也就是因人施教。单就两个人而言，他们的道德水平发展也是不一致的，更何况大学生作为一个群体，他们的道德发展水平更是参差不齐、千差万别。所以，要因人施教，体现层次性。要根据大学生群体道德发展水平的不同，从教育方法、教育目标、教育内容和教育要求等方面采取有针对性的指向。既不能热衷于抓尖子、抓典型，也不能只顾后进群体，要分层教育，区别对待。最后要针对不同年级阶段分层次设定德育的重点任务。例如，在低年级要加强人际交往、大学生活适应、考试诚信、尊师重教等方面的道德教育，在高年级要加强职业道德、社会公德、奉献意识等方面的道德教育。当然，这里强调的层次性不是完全割裂地分层次，而是有所侧重，同时要与大学生道德发展水平的层次性融为一体。

（四）体现可操作性

可操作性通俗讲就是不能"纸上谈兵"，要理论联系实际。反映在高校德育现代化实践体系的过程中就是指德育目标、内容、途径、方法明确，管理机制科学，能够调动多方积极性。高校德育的可操作性水平直接影响该德育体系的实施效果。

具体讲，理念要素要科学合理，要将社会目标和个体目标有机结合，满足社会对高校德育的现代性要求，最大限度地促进大学生个体的德性发展；内容要素要贴近生活、贴近实际，增强感染力和渗透力；工具要素要务实，在继承传统的过程中积极开发利用现代化的手段。总体讲，就是要求高校德育现代化实践体系的构建要按一定的规律、方法、程序进行，保证高校德育现代化体系具有可操作性。

以上论述的关于高校德育现代化实践体系的四个实践性原则——科学性、整体性、层次性、可操作性，是有机联系的整体，四者之间既相互独立，又相互促进，构成了高校德育现代化实践体系的本质特征和实践原则。在高校德育现代化实践体系建设过程中，我们要正确理解、准确把握，积极构建符合现代性要求的德育新实践体系，为中国特色社会主义现代化建设和中国梦的实现提供精神支持。

三、方向性原则

高校德育的核心问题是政治方向与培养目的，这是由道德的本质所决定的。高校德育属于上层建筑的重要组成部分，历史唯物主义告诉我们：有什么样的社会经济关系，就应该有与之相配的道德要求。德育具有时代性和阶级性的特点，不同历史时期、不同阶级或人群对德育的要求是不同的。因此，高校德育现代化实践体系的构建要以为谁培养人为逻辑起点，坚持方向性原则。坚持方向性原则既要立足当下，又要放眼未来，要充分体现整个实践体系的目标性和前瞻性。

（一）体现目标性

方向性原则下的目标性实质就是高校德育政治功能的实现。高校德育鲜明的方向性是实现培养社会主义现代化合格建设者和可靠接班人，以及具有现代素养的公民的目标的重要保障，满足社会现代化进程中道德发展的诉求、要求。

（二）体现前瞻性

高校德育现代化既是对传统德育的超越过程，同时也是现代德育的不断发展过程，所以，在高校德育现代化实践体系构建过程中要体现前瞻性。在构建高校德育现代化实践体系的过程中，应及时把握前沿理论、洞察高校发展与学生动态，并分析动态发展与实践效果。把握前瞻性原则，需要收集、分析与高校德育现代化工作相关的信息，研究国内外高校德育现代化工作，结合党和国家高校教育工作重点，使高校德育现代化实践体系在构建与应用过程中始终保持正确的研究导向与政治方向。

综上所述，功能性原则、实践性原则和方向性原则是高校德育现代化实践体系构建的基本原则和指导思想，在高校德育现代化实践体系构建过程中发挥着重要作用。坚持功能性原则是实现高校德育价值属性的根本保证，在高校德育现代化实践体系构建过程中起到核心作用，能够很好地解决"培养什么样的人"这一根本问题；坚持实践性原则是高校德育规范运行、得以实施的重要保证，在高校德育现代化实践体系构建过程中起到关键作用,能够很好地解决"怎样培养人"这一根本问题;坚持方向性原则是高校德育坚持正确政治方向的重要保证,在高校德育现代化实践体系构建过程中起到导向作用,能够很好地解决"为谁培养人"这一根本问题。与此同时,这三个原则又互为依托,互相促进,在高校德育现代化实践体系构建过程中统筹兼顾,形成合力。

第三节 高校德育现代化实践体系的宏观建构

高校德育现代化实践体系的系统性、复杂性、动态性决定了构建过程需要宏观把握。既要做好整体上的密切配合、有效衔接,又要遵循德育规律和德育现代化的基本原则,针对每个构成要素的作用,加强顶层设计,突出高校德育的现代化要求,强调培养道德能力,提高德育现代化水平。

一、理念要素

高校德育理念是整个高校德育实践过程的"指挥棒",处于灵魂和核心的地位,起到先导和支撑作用。理念要素决定德育其他方面的选择。德育理念的现代化是德育现代化的前提。要实现高校德育现代化,关键在于高校德育理念的创新和发展。因此,高校德育理念要符合时代的发展和社会的进步,做到科学定位,宏观把握。在教育现代化发展过程中,高校德育的根本方针是"立德树人",德育始终是首要的教育地位。高校德育理念的核心内容是高校德育目标的设定;除此之外,高校德育理念还包括德育内容的设计、德育方法和途径的创新、德育队伍的建设等诸多方面。可以说高校德育理念贯穿整个德育过程,渗透到高校德育的每一个环节和细节,因此既要做到"高"和"全",又要做到"细"和"实",坚持统筹规划,合理布局。高校德育现代化要以高校德育理念为前提和保证。没有高校德育理念的现代化,高校德育现代化的实践体系构建将无从谈起,高校德育现代化也将无法实现。

二、主体要素

在把握高校德育主体要素时,我们必须超越传统德育的主客二分的固化模式,保持双主体的关系状态,坚持双主体论。在高校德育现代化的进程当中,教育者的主体性和受教育者的主体性共存于统一体中,相互影响,相互作用,唯有如此才会真正实现高校德育的根本宗旨,并逐步增强高校德育的实际效果。

在高校德育现代化的实践过程中，主体要素中两个主体的作用发挥是基础问题，但更重要的是主体关系的构建，即主体间性问题。在主体关系的构建上，首先要坚持以人为本的原则。在主体关系构建中坚持以人为本的理念，强调了对人的尊重、对人的价值和个体主体性的肯定。对人的尊重，强调人是社会的主体，而不是被控制的对象，人有自己的尊严。在这里人的自由、个性、生命、权益等都获得了全面的尊重。同时高扬了人的主体性，努力提高人的自我创造意识。其次要坚持自主建构原则。从马克思主义唯物史观的角度来看，人的德性生成与发展是人的自主建构的过程，自主建构是人的德性生成与发展的基本机制。从本质上说，在高校德育中，大学生德性的建构是教育者与受教育者的双向建构活动，它不是一个赋予和被赋予的过程。最后要坚持平等对话的原则。双主体德育以学生为出发点和核心，而不是以观念、原则为出发点和核心，是一种人本主义德育。

三、内容要素

高校德育内容要素的现代化需要满足四方面的要求：一是系统性，系统性包含横向和纵向两方面内容。从横向讲，在高校德育现代化过程中，内容要素要与其他要素系统融合，也就是前面我们讲过的要根据德育目标确定德育内容。同时，需要根据德育内容选择德育方法、途径和手段等。从纵向讲，就是指德育内容体系构建要自成体系，保证系统性，避免内容设计和实施相互脱节、顾此失彼。同时要求依据大学生的身心发展水平、接受能力、思想实际和社会发展，确定德育内容。二是科学性，是指选择德育内容，要充分体现德育现代性的本体属性，在符合时代特征和社会发展的前提下，保证其现代性。现阶段，实现我国高校德育内容要素的现代化必须以社会主义核心价值观为核心内容，以满足社会主义现代化建设伟大事业对大学生思想道德素质的要求。三是继承性，高校德育内容体系，要继承中华民族的优秀文化传统，要充分体现高校德育内容的民族性的本质属性。四是开放性，构建高校德育内容体系需要坚持开放的原则，既要有正面的内容，也要有反面的内容。既要继承中华民族的优秀文化传统，也要吸收、借鉴西方文明成果，兼容并蓄，贴近时代，与时俱进，不断推动高校德育现代化向前发展。

四、工具要素

高校德育现代化进程中工具要素主要包括高校德育方法和德育途径，是高校德育现代化进程中必要的构成要素。高校德育方法和德育途径自成体系，但又互相影响，同时又与高校德育现代化进程中的其他要素关系紧密。总体讲，在高校德育现代化实践体系的构建过程中要不断创新德育方法，拓宽德育途径。具体讲，我们知道德育方法是教育者和受教育者在德育实践过程中相互作用的手段，高校德育现代化必须有高校德育方法的现代化作为前提才能得以实现。

高校德育方法的现代化主要体现在德育工具与技术策略的现代化。高校德育途径是落实高校德育内容、实现高校德育目标的渠道和方式。不同性质的德育内容和德育方法需要不同的德育渠道去承载和渗透。在高校德育现代化的进程中，高校德育的内容和方法在动态发展，德育途径必须与时俱进，紧跟时代脉搏，才能产生良好效果，促进高校德育现代化。实践工作中，我们要强化德育课程的主渠道作用，发挥实践途径的内化和检验作用，把握媒体途径的主动权，并做到密切配合。由于工具要素与其他要素之间既相互依存，又相互独立，工具要素内部的各种方法和途径既可独立发挥作用，又需要相互之间的密切配合。

因此，在高校德育现代化实践体系的构建过程中要形成立体多维、灵活多样的工具要素体系。要有序协调，动态发展，主动适应时代特点，发挥教育者与受教育者的主体性，保证工具要素的适应性、艺术性、时代性和综合性，让学生认同和接受，增强德育的主动性。

五、环境要素

关于高校德育环境的构成，在传统的德育观念里，人们一致认为高校德育环境包括学校环境、社会环境和家庭环境三个方面。

随着信息化时代的到来，网络环境在高校德育中的重要作用已经引起了关注和重视。网络环境是传统高校德育在进行现代转型过程中必须认真对待的新问题、新情况。而且，仅仅重视是远远不够的，必须把高校德育现代化实践过程中面对的网络环境提升到与学校环境、社会环境和家庭环境同等重要的地位，进行深入的理论研究并加强实践过程中的建设和管理，坚持"四位一体"。构成高校德育环境要素"四位一体"的学校环境、社会环境、家庭环境和网络环境从时空角度分别居于不同的位置，发挥着不同的作用，彼此之间既相互独立又紧密联系，形成了高校德育环境的四个维度。高校德育环境自身作为一个系统，具有较强的系统性，无论缺少哪一个维度，都会导致高校德育的环境系统失衡，进而影响高校德育现代化。因此，在坚持"四位一体"的同时，还要构建学校环境、社会环境、家庭环境和网络环境的互动、互补机制，形成环境要素的全覆盖，充分发挥合理作用。

第四节 高校德育现代化实践体系构建的微观路径

基本原则与宏观架构都是高校德育现代化实践体系构建的顶层设计，但高校德育现代化的实现最终要落到实践上以及具体操作层面，所以，在基本原则和宏观架构的大框架下，微观路径的技术选择则显得更为重要。

一、以德育观念和德育目标科学转换为核心

（一）以树立现代德育观念为理念要素现代化的前提条件

1. 坚持由"物化"向"人本化"转变

传统的高校德育，将接受教育的大学生"物化"的理念虽然有所纠正，但并不彻底。所谓"物化"理念，就是指德育不是从人出发，不是从人的需要和发展出发，而是把人当作无生命的物质性的东西对待。这个过程一是无视人的存在，使德育不能从人出发，不能从人的需要和发展出发；二是忽略了人的主观能动性，把德育看作大学生的被动接受，突出教师的绝对权威，忽视了大学生在整个高校德育过程中的主体性；三是认为大学生对所有的道德要求都能不加分析地全盘接受，会自觉地去遵守社会道德规范。其与大学生的生理和心理特点完全不符，与时代和社会现代化发展对高校德育现代化的要求背道而驰。德育"人本化"理念则克服了传统德育"物化"的弊端。"人本化"德育理念承认和肯定大学生是现实的人，坚持大学生是具有独立人格的人，是完整的社会人，注重发挥大学生的能动性和创造性；能够从大学生的需要和发展出发，即从大学生的心理发展水平出发、从大学生的成长阶段特点出发、从大学生的需要和现实愿望出发进行道德教育，而不是把德育过程看作"生产加工"的过程；能够做到尊重学生，关爱学生，充分体现学生的主体性。这不仅符合教育的基本规律，而且也是保证德育效果的必然要求。

主体德育观能够把大学生作为高校德育活动的真正主体，尊重大学生的主体地位，发挥大学生主体的能动性，从大学生的需要和发展出发，注重激发大学生的潜能，遵从德育过程的本质规律和大学生的道德形成规律，增强高校德育的实效性，实现高校德育现代化的核心要求。

2. 坚持由"灌输"向"平等交流"转变

在传统的高校德育课堂上，教学模式多是教师讲授为主，教师单向地将德育

原理、德育知识及道德规范等灌输给学生，教师对学生全程控制和支配，处于主导地位，而大学生只是作为客体机械地被动接受，被看作"知识容器"，大学生的主体性和主动性被全面限制。"灌输"重视的是理性知识的指导，忽视了大学生的能力发展，忽略了教学效果的检验。而"平等交流"则是充分突出大学生的主体性，教师不再是教育过程中具有"绝对权威"的单主体。从"平等"角度看，其尊重了大学生的主体人格，从"交流"角度看，其不仅重视了大学生的内化反映，而且改变了原有的师生关系。在原有"灌输"模式下，师生间是"教"与"学""讲"与"听""主"与"辅"的关系，而在"平等交流"的模式下，师生间的对话、交流得以加强，在促进道德内化的同时，也对大学生的道德认知进行了有效检验。因此，高校德育理念必须坚持由"灌输"向"平等交流"转变，发展对话德育观。

对话德育观需要主体德育观的现实实现，是对主体德育观的发展和提升。从纵向发展的角度看，对话德育观是对传统德育观的更新，注重个体在对话过程中的知识经验、思想情感和精神境界的沟通。对话德育观注重主体德育观实施过程中的理解性、互动性、参与性、平等性、人本性和互惠性等特征，以促进道德生长的能力。对话德育模式强调在课堂教学中改变传统教师"一言堂"的强压灌输式说教，转变为师生互动对话的德育发展模式，在这个过程中，学生既是学习者、生成者，也是建构者，这反映了德育思维从"主体思维"向"关系思维"的转换。

3. 坚持由"规范化"向"个性化"转变

传统的高校德育过程中存在着"脚本化"现象，很多高校德育管理部门和高校德育工作者在德育的规范和目标上，对全体大学生有着固定的标准和理想状态，并且为之努力。这种"脚本化"现象抑制了或者僵化了大学生在德育上的个性发展。道德教育并不是压抑人性，而是要彰显个性，激发潜能，使人性解放，精神自由，享受幸福，体验快乐，使人成为真正意义上的"人"，使高校德育真正成为"成人"教育。

4. 坚持由"知识化"向"生活建构"转变

在"知识化"德育理念中，把道德知识的传授和获得等同于道德教育，把大学生道德认知能力和水平看作大学生道德发展的充分条件。当然，学习道德知识、掌握道德规范、提高道德认知水平在大学生道德发展过程中无疑将起到重要作用，但这些只能是必要条件。在高校德育现代化的进程中绝不能把德育等同于智育，德育是一种意识范畴或者说是精神范畴的教育活动，需要意志、情感、认知、精神等非智力因素的协调发展，才能促进大学生德性的发展。大学生德性发展的过程是从知识的习得到认知的内化再到行为的外显的过程。

（二）以制定科学的德育目标为理念要素现代化的核心任务

德育目标是德育现代性的集中体现，对德育的实践操作极为重要。党和政府在开创社会主义现代化伟大教育事业的同时，也对我国高等教育方针和高校德育目标的制定做过深入的研究和明确的阐述。关于高校德育目标的类别划分和内涵的界定非常宽泛。关于高校德育目标的类别，从时间角度划分，可以分为长期目标、中期目标和近期目标三个方面；从德育功能角度划分，可以分为政治功能目标、经济功能目标、文化功能目标和生态功能目标四个方面；从德育途径角度划分，可以分为课堂教学目标、社会实践目标和文化活动目标等。这些从不同角度进行划分的高校德育目标，在内涵界定上很多内容是交叉重合的、互相包含的，都有其合理性，而且也是在高校德育现代化实践过程中需要的。应该从宏观角度坚持层次性、渐进性和超越性的原则对我国高校德育目标进行系统设计。

1. 个人层次目标

关于高校德育目标的核心内容，班华教授提出了一个最简捷的表述，并认为它也是高校德育现代化的核心思想所在，这就是"促进人的德性现代化""这是社会现代化对人的要求，也是人自身发展的要求，是适应现代社会与经济发展全球化、信息化的要求"。这是高校德育中关于大学生个人层次的目标，也是高校德育现代化目标体系中的基础目标和核心目标，是其他目标得以实现的前提和条件。德育属于意识形态范畴。

所以，从意识形态范畴分析，大学生德性现代化包含两个方面：一是解决思想认识问题；二是解决思想动力问题。解决思想认识问题就是要培养大学生的健全人格。"健全"两个字用在"人格"前面应该对"健"和"全"分开理解："健"的核心意思是健康。从高校德育角度讲，就是要使大学生对善恶、美丑、是非准确鉴别，正确区分，通过不断深化形成一种思想认识，固化于内心世界，并且使真善美成为现实生活中的执着追求。"全"的核心意思是全面。从高校德育角度讲，就是指大学生的这种健康人格要全面发展，和谐发展，不留死角，没有空白。解决思想动力问题是指在健全人格的形成基础上，增强大学生形成现代社会所需要的道德品质的主动性和自觉性。也可以理解为大学生在不断追求真善美的同时，对促进现代社会发展所需要的意志品质、创新精神、民族精神、生态文明意识、世界精神、共产主义理想等一系列优秀现代品质的不懈追求。这也是现代化的应有之义。所以，从大学生个体角度讲，只有解决好思想认识和思想动力这两个关键问题，才能真正实现大学生健全人格的培养，才能实现大学生德性现代化的德育培养目标。

2. 社会层次目标

现阶段，我国高校德育现代化的一个重要任务是为社会培养优秀公民。首先，人是社会的人。大学生人格的发展不是也不能封闭进行，必须与社会相融，并接受社会的锤炼和检验。同时，社会的现代化发展也为大学生的道德追求提供了更高的目标、更广的维度和更大的平台。要坚持生活德育观，让大学生在现实生活中去成长和进步，树立公民意识。其次，社会是由人组成的社会。优秀的社会公民，是一个社会和国家实现其现代化发展和文明进步的基础，是实现个人价值与社会价值相统一的重要途径。大学生作为国家和社会寄予厚望、充满期待的特殊群体，不能仅仅局限在满足一般的社会道德要求上，要能做到引领社会风尚，做一名优秀公民。

因此，高校德育目标的设定必须考虑社会发展对大学生个体的需要，要结合中国梦的现实追求，结合"两个一百年"奋斗目标，结合市场经济发展对人的道德、价值的特殊要求，按照社会主义核心价值观以及党的十九大报告对教育发展的要求，结合习近平总书记在全国高校思想政治教育工作会议上的讲话精神等，加强公民道德素质建设，加强社会诚信、社会公德、社会职业道德和家庭美德等方面的建设。由此可见，大学生的道德水平与社会道德水平的发展要保持同步和辩证统一。社会道德发展是个人道德发展的保障，个人道德发展则是社会道德发展的前提和基础。

二、坚持核心内容与时代内容有机融合

在建构高校德育现代化实践体系的过程中，内容要素是非常重要的组成部分。在高校德育过程中，德育的内容承载着德育的目标，是实现德育目标的关键所在。因此，高校德育现代化也是高校德育内容的现代化。对于高校德育内容的现代化，有的学者做了如下定义："所谓思想政治教育内容的现代化，就是使得教育的内容能够切实解决人们头脑中存在的深层次的思想困惑，帮助人们树立同社会现代化相适应的现代观念意识和共同理想，促进人的现代化，提升人的精神境界，完善和健全人格，为社会的现代化提供精神动力。"

由此可见，高校德育内容是一个复杂、开放、多元的体系，具有稳定性和

不断发展的特点。稳定性是指在传统高校德育过程中德育理论研究者和实践者多年总结出来的我们必须始终坚持的德育内容，这些德育内容是高校德育内容体系的核心内容；发展性则是指构建高校德育内容体系要随着社会的政治、经济、文化的发展变化以及大学生身心的发展变化而发展变化，是对高校德育内容体系中核心内容的有益补充，是高校德育内容体现现代性的保证。高校德育内容体系的构建既不能一味地追求"现代化"而抛弃"传统"，也不能始终坚守"传统"而不做适应性的"调整"，要坚持核心内容和时代内容的辩证统一，形成一套科学化、系统化、规范化的现代高校德育内容体系，推动高校德育现代化不断向前发展。

（一）坚持核心内容的继承和发展

高校德育包括政治教育、思想教育、道德教育、法纪教育和心理健康教育五个方面。这是高校德育内容体系的基本内容，也是核心内容，我们在构建高校德育内容体系时必须全盘继承。同时，在全盘继承的基础上，要结合我国社会主义初级阶段的国情和社会的新发展赋予其新的德育目标指向，使其在现阶段高校德育工作中发挥更具时代意义的作用。

政治教育是高校德育的导向性内容，决定着高校德育的方向和性质。习近平总书记在2016年全国高校思想政治工作会议上指出：在历史和人民的选择中，马克思主义成为我们立党立国的根本指导思想，也成为我们高校的鲜亮底色。高校德育要通过这个"鲜亮底色"教育培养一批立场坚定、旗帜鲜明的马克思主义者；通过爱国主义教育增强大学生的国家意识，增强民族的责任感和使命感，培养爱国情怀，树立民族自信；通过理想信念教育坚定大学生的共产主义理想和中国特色社会主义信念；通过形势政策教育使大学生正确认识世界和中国的发展大势。

目前，随着社会的发展，教育改革和发展不断出现新问题，高校德育工作还不能够完全适应，部分大学生存在不同程度的政治信仰迷茫、理想信念模糊、诚信意识淡薄、艰苦奋斗精神淡化等问题，迫切需要通过价值引领，提高认识、统一思想，迫切需要用社会主义核心价值观引领学生思想意识主流，巩固思想道德基础。在实际工作中，要不断增强社会主义核心价值观教育引导的针对性和实效性，把思想教育和解决实际问题结合起来；全面掌握和研究新时期大学生思想政治活动的特点，从大学生关心的问题入手，提高大学生明辨是非的能力，增强大学生见贤思齐的意识，促进大学生健康成长、全面发展。在高校德育工作中，我们要通过思想教育引导学生正确理解"个人主义"与"个性"以及"自由泛化"与"自由竞争"的本质区别,正确认识市场经济与政府调控的辩证关系,合理利用各种思潮的积极因素,提升大学生的政治认知和政治分析能力,坚定马克思主义政治理论、经济理论及价值观的中国化发展。总之,我们要通过思想教育使大学生形成科学的世界观、人生观和价值观,树立坚定的社会主义理想信念,为大学生德育提供理论基础。

法纪教育和心理健康教育是高校德育内容的组成部分。法纪教育的内容包括社会主义法制教育、纪律教育。其目的在于帮助大学生树立法律观念并遵纪守法,提高大学生懂法、守法、用法的意识,为高校开展政治、思想、道德教育提供保障。针对法纪教育,在教育大学生知法、懂法、守法的基础上,还要引导大学生去宣传法纪。通过宣传法纪,一方面更好地普及了法纪知识;另一方面,让大学生进一步加强对法纪的理解和认同,增强法纪意识。法纪教育的意义是倡导法治精神,确认法律具有权威性和至上性,法律制度的规范与调节作用是社会运行的主要依靠。更为重要的是,高校德育对大学生的法纪教育要与道德教育有机配合,形成合力。道德与法纪都是调整或制约人们行为的准则和规范,它们是相互补充、相互作用的。在高校德育现代化的进程中需要将两者有机结合,通过法纪的他律性规范和道德的自律性精神,实现外部力量和内生动力的互补共生,更好地实现高校德育使大学生从他律向自律转化的功能。

心理健康教育的目的是培养大学生良好的心理素质,提高大学生的身心健康水平,促进大学生全面和谐发展。在政治、思想、道德和法纪教育过程中,大学生的心理素质具有维持和调节作用。结合大学生所面临的现实问题和身心发展特点,心理健康教育应该着重解决以下几方面问题:首先是要正确区分大学生的心理问题和思想问题。心理问题是指机体上的"疾病",思想问题则是指道德认知上的"疾病",二者有着本质上的区别。高校德育工作者要将对大学生心理问题和思想问题的准确区分纳入心理健康教育的重要内容,以保证高校德育的针对性和有效性。其次,要将压力排解作为心理健康教育的重要任务。大学生在现实生活中面对着交往压力、就业压力、学习压力、生活压力等各种自身难以缓解并直接影响他们心境的压力。现在的一些大学生心理脆弱,承受能力较差,这些压力如果得不到及时的排解和疏导,久而久之,则会使他们的人生观、价值观和世界观受到直接影响,给高校德育带来极大的冲击和阻力。因此,心理健康教育要将大学生的压力排解纳入重要内容。最后,要将良好社会心态的培育和引导作为重要内容。良好社会心态的培育有利于大学生正确面对得与失、荣与辱。在良好社会心态的培育上，思想教育、道德教育虽然都能发挥很好的作用，但心理健康教育更能从源头上解决问题，为思想教育、道德教育奠定心理基础，创造心理条件。因此，心理健康教育要将大学生良好社会心态的培育作为重要内容。

上面我们对高校德育现代化内容体系构建中的核心内容进行了论述，并结合当前社会发展的现状和大学生的身心发展特点对其进行了拓展和丰富，突出强调了应该给予更多关注的重点。这五部分内容虽然有着各自不同的内涵，处于不同的层面，发挥着不同的作用，但在高校德育现代化的实践过程中要按照系统论的整体性、有序性和动态性要求，使各部分内容之间合理搭配、相互衔接、相互渗透、有机结合、功能互补，实现五大要素的有机整合，发挥其整体功效。

（二）坚持时代内容的补充和完善

高校德育的内容要素在坚持和发展核心内容的基础上，还要根据社会政治、经济、文化等的新形势、新要求和大学生身心发展的新情况、新特点增加和补充新的内容，以适应社会发展的需要和大学生的成长需求，彰显高校德育内容的时代性。

1. 弘扬优秀传统文化是高校德育内容现代化的历史使命

（1）要将优秀传统文化内容有机融入高校德育的核心内容之中

中华优秀传统文化中蕴含着丰富的人生哲理和思想道德修养内容，也蕴含着许多德育理念、德育方法和德育原则，与高校德育核心内容具有高度的契合性，是高校德育核心内容的宝贵资源。如司马光通过"才者，德之资也；德者，才之帅也"强调了德育的重要性。由此可见，中华优秀传统文化中的很多道德内涵与现代德育的价值追求是一致的。因此，在高校德育内容体系构建中要将优秀传统文化内容与核心内容有机结合，以增强核心内容的吸引力和影响力，同时也赋予优秀传统文化内容更多时代内涵。

（2）要把传统文化教育融入实践教育中

高校德育现代化的实践性要求将传统文化教育融入德育的实践教育中，在德育的实践教育形式上突出民族、特色、民族文化氛围等。如倡导民族节日，充分利用各种民族传统节日，开展多种多样的民族文化教育主题活动；通过一些重要节日开展革命传统教育；充分利用校园媒体，如广播、板报等进行宣传；在学校的各种学习与生活场所，如教室、寝室、食堂等场所开展宣传活动；通过专题报告、歌咏比赛、参观教育基地等专题活动形式加强大学生对民族文化和民族精神的感性认识，充分认识中国传统文化的精髓和时代魅力，增强大学生对民族精神的认同和把握。

总之，在经济全球化趋势下，加强优秀传统文化的弘扬则显得更为迫切。因此，加强优秀传统文化弘扬是高校德育内容现代化的历史使命和必然选择。

2. 加强艺术教育是高校德育内容现代化的有益补充

艺术教育是培养人们感受美、理解美和欣赏美的能力的社会性活动。高校艺术教育是素质教育的组成部分，是美育的主要内容和途径。艺术教育通过各种艺术载体，以育人为目标、以审美为核心，在普及艺术基础知识和艺术活动实施过程中，培养大学生良好的审美修养和艺术鉴赏力，促进其身心和谐全面发展。高校德育和艺术教育虽然在教育的核心内容和运行机制上有所不同，但二者同属于意识形态范畴，都是素质教育的重要内容，有着紧密的联系。首先，马克思主义关于人的全面发展学说，是高校德育与高校艺术教育的哲学基础，两者的目标指向都是促进人的全面发展。其次，二者都是对大学生的精神层面发挥作用，以引导大学生追求并努力实现人生的意义和价值，着眼于大学生主观世界的改造，进而实现大学生知、情、意、行的和谐统一。艺术教育重在崇"美"，德育重在导"善"，二者具有一致的人才培养目标，都以最终实现人类"真、善、美"为理想目标。最后，两者的教育过程和效果相互协同。一方面，艺术教育因审美活动本身的储善、导善和立善功能，本源内涵了德育功能，对大学生德育的发展具有促进作用。另一方面，大学生良好的道德修养和正确的人生观是建立积极健康的审美观的重要保障，也是大学生艺术教育发展的正确方向。同时，艺术教育作为素质教育的组成部分，其性质属于全面性教育，这种全面性教育特征拓展了高校德育现代化的内容。因此，将艺术教育纳入高校德育内容体系是对高校德育内容现代化的有益补充。

3. 加强创新教育是高校德育内容现代化的时代要求

当今社会，国家之间的竞争是人才的竞争，更是人才创新能力的竞争。时代的发展赋予高等教育向国家和社会不断输送人才的重任。培养大学生的创新意识，提升其创新能力成为高校德育的重要任务。因此，将创新教育纳入高校德育内容体系是社会发展的历史需要，也是高校德育内容现代化的时代要求。高校是集批判精神与创新意识于一体的场所，是现代社会发展进程中新理论、新技术、新思想的重要发源地。高校在培养学生的创新精神的过程中激发了大学生的学习兴趣，催生了大学生的学习动机。鼓励大学生弘扬科学精神、增强独立意识、敢于创新是保证高校研究探索热情的基础。因此,推动高校德育现代化就要把培养大学生的创新意识和创新能力作为促进大学生全面发展的重要内容。

三、坚持施教者主导性与受教者能动性的辩证统一

主体只有体现主体性才能发挥主体作用。高校德育作为一个"双主体"的教育活动,在具体的实践过程中只有教育者和受教育者的主体性都得到充分发挥,才能使这一具体的教育活动达到事半功倍的效果。因此,受教育者与教育者同为主体。

(一)主体的共性发展

对于高校德育现代化来讲,首先要促进"双主体"的共同发展。实现"双主体"的主体意识、主体品质、主体能力的现代化,是促进高校德育现代化的前提和条件。

1. 主体意识的现代化

从哲学角度理解,只有人才能称为"主体",也只有人才能成为"主体",意识则是指思维层面对某一事物的主动认知。主体意识就是指人对某一事物或某一活动自觉主动地认知和参与。在高校德育现代化的语境下,主体意识的现代化就是指教育者和受教育者作为高校德育活动的主体,对这一活动的主动参与及在活动中对自身主体性发挥、主体价值实现和主体认知能力提高等的不断追求,并形成与社会现代化相适应的思想意识。从高校德育活动的本体意义上讲,作为教育者首先要认识到作为一名高校德育工作者的重要性,认识到培养优秀的受教育者作为未来的社会主义现代化建设者和接班人的重要意义,进而提高工作的积极性和主动性,增强责任意识和奉献意识;作为受教育者要认识到接受道德教育、提高道德素质的必要性,激发自身的道德教育需要,增强学习的自觉性和主动性,同时实现在高校德育活动过程中对自身主体意识和主体能力的积极调动,发挥自主性、能动性和创造性。从高校德育活动的社会意义讲,教育者和受教育者要共同认识到高校德育工作对社会发展进步的重要意义,并形成自觉把这些思想和意识外化于行的愿望,致力于社会的发展进步,实现自身的社会价值。

2. 主体品质的现代化

通常认为,品质是指"人在心理和行为方面带有稳定性倾向的个性特征,个人在其行为整体中所展示的素质、人品和价值意义"。这里关于品质的定义包涵了两个方面的内容:其一,品质是一个人内在的个性特征,是在特定的社会实践

中不断形成的，客观地存在于主体的主观意识中，具有内隐性；其二，品质决定着行为，指向人的"社会属性"，具体体现为人在社会实践活动中的具体表现，是客观地存在于主体主观意识中的个性特征在客观世界的外在表现，是"客观的""表现于外的"，具有外显性。因此，也可以说品质是行为的内在规定，行为是品质的外在表现。

上述观点表明，在高校德育现代化过程中，德育主体的品质决定着其主体性作用的发挥，进而直接影响高校德育实践活动。在高校德育的语境下，主体品质应当包括意志品质、道德品质、行为自觉、人文精神、职业素养等。在德育过程中，教育者要将这些品质和认识等潜移默化地传授给受教育者，受教育者也要在学习教育者品质的同时积极发掘新的品质，为促进自身的现代化发展和适应现代化的发展提供新的动力。

社会的现代化需要现代化的人去完成、去实现。人的品质的提高和发展会直接推动生产力的发展、社会关系的完善和科学技术的进步。因此，人的品质的现代化是实现社会现代化的重要因素。只有社会中的人具备与社会发展相适应的现代性品质，并在实践中实施这种行为，这样的社会才能称得上是现代社会，这也正是我们追求高校德育现代化的目的所在。

3. 主体能力的现代化

在高校德育现代化的过程中，主体能力的现代化包括主体认知能力、主体行为能力和主体接受能力的现代化等方面。主体认知能力是指教育者和受教育者在社会现实生活中对善恶美丑、是非对错的鉴别和判断能力。尤其是对一些表面性问题能够透过现象看本质，对一些利弊共存的问题能够因势利导。主体认知能力的现代化要以主体品质的现代化为前提和条件。主体行为能力是指由道德认知转化为道德行为表现的能力。

习近平总书记在全国高校思想政治工作会议上强调教育者要明道、信道。所以，从教育者角度讲，高校德育工作就是要提高由明道、信道转化为讲道、传道的能力。从受教育者角度讲，就是要提高由道德知识转化为道德行为的能力，进而提升道德品质，促进个体人格的现代化发展。

道德接受能力包含两个方面：一是道德知识的获得和理解。同样的德育教师、同样的德育内容、同样的德育途径和方法，在每个学生身上达到的德育效果却不尽相同，主要原因是道德接受能力的不同。因此，在高校德育现代化的过程中要注重培养受教育者主体也包括教育者主体的道德接受能力。二是对媒体快速发展的接受能力。在信息化、数字化、网络化的时代，高校德育工作单纯地靠书本、课堂以及实践来开展已经远远不够，必须重视和正视媒体的作用。一些自媒体的私人化、自由化、私密化、自主化等特点给高校德育工作带来了前所未有的机遇和挑战。因此，在高校德育现代化过程中教育者要借助自媒体，因势利导，把先进的思想和认识传授给受教育者。而受教育者也应该在接触媒体时，提高自身的接受能力，自主、自觉地扬弃媒体带给自己道德影响。

总之，人的主体现代化是高校德育现代化的先决条件，没有主体意识、品质、能力的现代化，也就没有高校德育的现代化。因此，在高校德育现代化的过程中要注重培养主体要素前卫的思想意识、高尚的道德品质和突出的主体能力，促进主体的现代化发展，为高校德育的现代化创造条件。

（二）主体的不同作用发挥

教育者和受教育者作为双主体在这一具体的教育活动过程中由于所承担的责任不同及活动过程本身的出发点和角度不同，因此在主体性发挥上有不同的要求，需要区别对待。

1. 发挥教育者主体的主导性

教育者主体主导作用的发挥包含两个方面：一是要完成对整个德育活动的组织、策划。包括确定德育目标、选择德育内容、设计德育活动、选择德育方法和实施途径等。同时要对德育活动各要素进行观察总结。在德育具体实践过程中，教育者主体要敏锐把握和分析在实践过程中各要素出现的新情况、新问题和新要求，总结经验，查找不足，为更好地开展德育活动奠定基础。教育者主体主导作用的发挥还体现在对受教育者主体的引导上。教育者负有启发开导受教育者的责任，在信息多样化的时代，应坚持社会主义、爱国主义和集体主义教育，引导受教育者朝着正确的方向发展。由于受教育者存在多层次、多特色、多类型的特点，所以，高校德育就要兼顾广泛性，不搞"一刀切"，同时还要坚持德育的先进性，引领大学生的发展方向，培养大学生的选择和判断能力，引导他们做出正确的选择，从而保证德育活动的有序进行。

2. 发挥受教育者主体的主动性

大学生作为德育的主体之一本身具有一定的主动性，这是教育者教育引导的基础。教育者不仅仅是对受教育者的简单说教，而是在充分尊重学生的主体性的基础上，充分发挥其主体作用。教育者需要在德育过程中培养学生的能动性、积极性和创造性。一是充分发挥大学生在高校德育过程中的能动性。在德育的过程中，大学生能够积极主动对教育者提供的德育信息进行理解与同化；在德育实践过程中，大学生能够积极主动参与德育的各项活动。二是充分发挥大学生在高校德育过程中的创造性。当代大学生所处的环境复杂多变，因此，存在一定的思想政治问题和冲突是正常的，大学生不仅要认真遵守思想政治品德规范，而且还要不断创造出符合时代发展要求的新的思想政治素质和品德行为规范。

四、充分发挥德育方法和途径的联结作用

高校德育工具要素是指高校德育现代化过程中的手段和途径，在高校德育的具体实践过程中起到联结性作用，是高校德育工作的时空领域与实施系统，对高校德育效果起到决定性作用。高校德育方法和途径的现代化不是一个封闭的、静止的过程，而是一个动态的、不断变化的复杂过程，需要在发展的视域下审视；同时又是一个开放的、受多因素影响的复杂过程，需要在具体实践过程中把握。

因此，高校德育工具要素的现代化要求高校德育工作者根据高校德育工作实践过程的新特点、新要求，针对高校德育工作实效性低下、针对性不足等问题，对高校德育的方法和途径进行不断丰富和发展，增强德育方法和途径的合理性。

（一）德育方法

1. 加强显性方法与隐性方法的有机整合

高校德育方法多种多样，丰富多彩。但从受教育者感知程度角度划分，总体上可以将高校德育方法分为显性方法和隐性方法两大类。显性方法是一种有目的、有计划、有组织的德育活动。其特点是明确向学生告知，使学生全面理解和掌握教育活动的意义。这种方法对道德素养和道德认知水平较高的学生来讲德育效果明显，但对于道德素养和道德认知水平较低的学生来讲则容易产生抵触和反感的情绪，不利于德育目标的实现。隐性方法虽然也是有目的、有计划、有组织的德育活动，但其特点是不被学生明确感知，德育活动不是直接进行的，带有隐蔽性。

2. 充分发挥现代教育技术的重要作用

后工业经济时代的网络信息技术发展迅猛并广泛运用到社会生活的各个领域。在德育过程中广泛应用现代教育技术是德育方法向现代化转变的重要标志。充分运用现代教育技术，是提高德育时效性、扩大德育覆盖面、增强德育影响力

的有效手段。因此，德育工作者需要不断学习和利用现代教育技术，努力实现德育手段的现代化。随着社会环境和学生家庭生活条件不断改善，学生获取知识和信息的渠道也变得多样化。新媒体技术传播的大量信息对大学生道德品质的形成产生了重大影响，这种影响给高校德育带来挑战的同时也为高校德育手段的现代化提供了发展的条件。

首先，德育工作者需要改进传统的教学方法，充分利用多媒体和网络视频等教学手段，便于与学生之间沟通和交流，也可以通过QQ、微博、微信等方式对学生进行个别指导。学生也可以通过多媒体等方式获得教育信息。

其次，德育工作者需要在传统的教学内容中利用媒体网络技术，增加一些理论与实践相结合的德育活动，达到使学生能够学以致用的效果。德育工作者充分利用现代多媒体技术的灵活多样、富有吸引力和受教育者欢迎的特点展示内容，是保障德育工作深入人心、落到实处的关键。

最后，高校德育要利用新媒体技术的优势，开辟高校德育工作的新途径，创新高校德育的新方法。在新形势下，高校德育必须立足现实、面向未来，充分利用现代媒体技术手段，才能更好地实现高校德育的针对性和时效性。

3. 发展"生活化"德育方法

在德育观念现代化部分我们强调要发展主体德育观、对话德育观和生活德育观等德育观念，这些德育观念的形成和实现都依赖于"生活化"德育方法的充分发展和实施。"生活化"德育方法是一种综合性的高校德育方法，既有显性的、也有隐性的，是从多角度、多层次、多方位对大学生施加影响和教育的一种德育方法，在高校德育方法体系中处于重要位置。"生活化"德育方法并不是简单地把德育活动从课堂内搬到生活中。"生活化"德育方法的实施要以马克思主义哲学理论为基础和依据，进行哲学视角的思维转换和实践把握。

（1）"生活化"德育方法落实了马克思人学理论关于人的本质的深刻揭示

马克思指出："人的本质不是单个人所固有的抽象物，在其现实性上，它是一切社会关系的总和。"这一论断的出发点是"现实的人"，强调了人不仅是自然存在物，更是社会存在物，突出了人的社会属性。"生活化"德育方法实现了大学生由"物化"向"人本化"的转变，使大学生在现实生活中接受道德教育，提升道德素养，突破了课堂上理论灌输和说服教育的局限，突出了大学生的主体性，让学生在生活中思考和检验自己的道德认知，反思自己的行为，促进了道德理论的内化，发挥了大学生自我教育、自我管理的主动性。

（2）"生活化"德育方法要坚持马克思交往理论

关于马克思交往理论的主要内容，在哲学的视野里，它是一种交往实践观。马克思交往理论为创新德育方法提供了崭新的理念。马克思的交往理论为交往手段在高校德育过程中的运用和发展提供了理论依据，为高校德育方法的创新开辟了新的领域。在高校德育实践过程中，首先要做到师生间的交往。传统的高校德育更多关注的是受教育者的工具理性，而忽略了受教育者的价值理性，没有把人看作教育过程的主体，人的价值的发展得到限制。在马克思交往理论的指导下，要做到师生间平等交往，实现"人"与"人"的交往。对于教育者而言，不能过多表现出优越感和权威性；对于受教育者而言，应当主动追求平等的主体地位。其次要做到互动交往，实现"主体"与"主体"的交往，即主体间性。充分发挥大学生在高校德育过程中的能动性，在受教育者与教育者的互动实践中实现主体之间德育内容的传递、生命意义的领悟以及道德行为的规范。最后要促进大学生之间、大学生与社会及自然界的交往。应拓展大学生的交往面，加强大学生的道德认知，使其在交往实践中固化为道德品质。

（3）"生活化"德育方法要坚持以马克思的需要理论为内生动力

人的需要问题是马克思人学理论的重要范畴，是人的本质问题的具体表现，是人的价值和人的发展的内在动因。纵观人类所有的实践活动，都是以需要为前提和动力的，人的一切活动都是为了满足自己的某种需要。马克思认为人的需要不仅具有复杂性和多样性，更为重要的是人的需要具有无限发展性。在这个动态发展的过程中总是呈现出"需要—需要的满足—新的需要"这样一个循环往复的状态。从"生活化"德育方法的角度理解，就是要求教育者要不断刺激大学生需要的产生并给予满足，以促进其道德素质的不断提升。

首先，在大学生道德需要自由发生的基础上给予其合理的价值引导，使其形成积极正确的需要观，促进大学生不断完善自我的追求。通过合理的价值引导，可以促进大学生道德发展需要的"更多"和"更好"。"更多"的目的在于道德发展需要的不断产生；"更好"的意义在于大学生道德发展需要能够保持正确价值方向，使得大学生的价值实现能够更有益于社会。其次，对大学生道德需要的价值引导，要坚持递进上升的原则，促进大学生不断提高自我的追求。即使大学生由低层次的道德追求不断向更高层次的道德追求迈进，以使大学生的道德发展需要作为一种内生动力不断推动自身和社会向前发展。

由此可见，"生活化"德育方法顺应时代的发展要求，促进社会进步，满足高校德育现代化发展需要的条件。高校德育的方法只有立足现实、立足生活、立足社会，才能培养出更多符合社会发展要求的合格的高素质人才。

（二）德育途径

德育途径是教育者为实现德育目标、运用德育方法而采取的组织形式。影响大学生的道德品质的因素多种多样，新时期，高校德育的影响因素不断变化，因此高校德育的途径也要与时俱进，紧扣时代脉搏，才能产生良好的德育效果。德育途径宏观上可以划分为教学途径、实践途径、媒体途径和自我教育途径四个方面。

①充分发挥课堂教学的主渠道作用，促进大学生道德知识的获得。社会的快速发展，使高校德育经常处于复杂的环境中，但是，高校德育的课堂教学仍然是大学生获得道德知识最直接最有效的途径和渠道。在道德知识的获得上我们应仍然坚持马克思主义的"灌输"理论。在今天，"灌输论"不但没有过时，而且愈来愈显示了其准确性。根据灌输论，我们认识到，历史和现实中的思想政治教育的本质都是一定的社会意识形态的教化和灌输。其意义在于强调要通过课堂教学把国家和社会对大学生"应然"要求的道德知识和道德规范等讲授给学生，使学生直接进行了解和学习。我们在坚守"灌输"理论的同时，也要结合实际情况对德育课堂教学方法进行改革，以不断增强教学效果。例如，在课堂教学中加入演讲式教学、讨论式教学、辩论式教学等。

②充分发挥实践途径的平台作用，促进大学生由道德知识向道德品质的转化。高校德育现代化是对高校德育传统的一次革命，把高校德育目标进一步转移到促进人的全面发展之中，使德育能够回归到现实生活中。这要求充分发挥实践途径的平台作用，在道德实践环节下功夫。人的思想来源于社会实践，也是个体成长的动力和思想认识的归宿。高校应组织和引导大学生参加多种多样的实践活动，通过实践活动把道德理论转化为大学生的道德认知，使其形成良好的道德品质以及符合社会要求的道德行为。实践途径包括党团活动、校园文化活动、社会调查、参观访问、志愿者服务、生产劳动和公益活动等。我们要充分利用这些实践途径并不断拓展，让大学生在社会实践中了解国情，体察民意，拓展知识，增长才干，磨炼意志，品味人生，增强对道德知识和道德规范的理解和认同，真正树立正确的人生观、价值观和世界观。

③牢牢把握媒体途径的特殊优势，因势利导地促进大学生优秀道德品质的形成。随着信息技术的迅猛发展，媒体途径已经成为高校德育途径的一个重要

阵地。现阶段，自媒体网络给高校德育工作带来了机遇和挑战。自媒体网络具有虚拟性、交互性、及时性、海量性、形象性等特征，大学生很快就能接受，很大程度上改变了大学生的学习、生活等方式，影响着大学生的思想意识、价值观念、心理健康等。因此，在网络媒体中开展德育是德育现代化的大势所趋，高校德育就是要充分利用网络媒体为其服务，抢占网络阵地，拓展和发展高校德育的媒体途径。

首先，国家和政府层面要加强自媒体网络的舆情监管和有效控制。由于网络具有虚拟性，言行无法规范，导致不良思想、虚假消息泛滥。这些负面影响将直接与大学生"见面"，对一些辨别力较差、抵制力较弱的大学生则会产生深刻影响。针对这些不利因素，除了国家和政府层面的监管外，高校德育工作者也要因势利导，善于利用反面教材深化正面引导。

其次，高校要主动出击，探索自媒体网络背景下高校德育的新途径，为高校德育开拓更加广阔的平台，拓宽高校德育的渠道，深入开展高校德育。如利用网络媒体资源，建设德育网站，形成以网络媒体为载体的德育平台，为大学生提供正确、健康、符合时代要求的、丰富多彩的德育内容，引导大学生树立正确的人生观、价值观和世界观，形成良好的道德品质。

④充分发挥自我教育的内化作用，促进大学生由道德品质向道德人格的转化。自我教育途径是指基于教学途径、实践途径和媒体途径的学生内化过程，是德育途径的最高层次。自我教育是指大学生在课堂教学中获得道德知识和道德规范的基础上，通过实践途径的体验，经过自我反思、自我理解后，将道德知识、道德认知、道德品质上升为道德人格的一个过程，即大学生的内化过程。培养具有内化意识的大学生，加快大学生道德内化过程，是高校德育的目标之一，也是确保高校德育发挥应有作用的关键。人的主体性地位的确立是道德内化的必要条件，也是个体发挥能动性、自主性和创造性的重要条件。大学生把外在的道德要求和道德规范纳入内化过程，道德内化才能得以实现。充分发挥学生主体性作用可以有效提高道德内化的效果。这一过程中，教育者要积极发挥引导作用，通过德育服务推进大学生道德内化的实现。高校德育工作者要充分认识道德内化的价值，探求服务新途径，树立主动服务意识，为大学生提供优质服务，保证大学生道德内化的顺利实现以及大学生道德人格的健康发展，做到既最大限度地尊重人的主体性，又符合教育的本质规律。

总之，高校德育方法和途径的创新，是一个永无止境的课题，需要不断努力和探索。保证高校德育方法和途径的科学性与时代性，是增强高校德育的实效性的重要保证。此外，无论是德育方法的创新，还是德育途径的拓展，都是为了实现德育目标，这是毋庸置疑的。德育过程是人与人交往和交流的过程，是促进人的德性升华的过程。在这一过程中教育者能体会到付出的成就感，受教育者则会有接受人文关怀的幸福感。因此，通过高校德育方法和途径的创新，在高校德育的具体实践中教育者和受教育者都要实现目标追求与过程享受的辩证统一。

五、加强高校德育环境的生态建构

（一）高校德育环境生态建构的基础

1. 高校德育环境要素系统的多样性和复杂性

多样性是指高校德育环境要素组成多种多样，范围广泛。虽然高校德育环境分为学校环境、社会环境、家庭环境和网络环境四个子系统，但各个子系统又包含多个分系统。例如，社会环境从内容上又可分为政治环境、经济环境和文化环境等，从时间角度又可分为历史环境和现代环境，从空间角度又可分为国内环境和国际环境等；学校环境又可分为硬件环境和软件环境等。复杂性则指高校德育环境的各要素之间是有机联系、互相影响的。如社会环境在不同时期将对家庭、学校和网络环境产生直接影响，网络环境有时又可对社会和学校环境产生影响等。同时，这些组成要素又从不同层次、不同角度、不同时间和不同过程对高校德育工作及其对象产生直接影响。此外，各种环境要素的影响性质与效果复杂多样，相互交织渗透，大大增加了德育环境系统的复杂性。

2. 高校德育环境要素系统的工具属性和价值属性

高校德育环境具有其自身的特殊性，这种德育环境既有一般环境属性，又有价值属性和工具属性，而且二者具有一致性。工具属性即"作用"和"功能"，价值属性即"意义"。

高校德育环境要素的工具属性体现在两个方面：一是可作为高校德育活动的手段和方法。如制度保障来源于政治环境、精神支持来源于文化环境、技术支持来源于网络媒体平台等。二是可作为高校德育活动的工具和载体。如可通过博物馆、历史纪念馆等对大学生进行爱国主义教育，通过参观烈士陵园对大学生进行"三观"教育等。

高校德育环境要素的价值属性有三方面：一是高校德育环境的构成要素本身就是某种价值观念的载体，蕴含着一定的价值取向和价值导向，其价值取向和价值导向对大学生及其德育活动形成直接的影响作用。例如，校园内"爱护花草""珍惜环境"等宣传标语就直接传播着一定的观念意识，影响大学生的思想道德。二是某些环境虽然不具有德育的内涵，但其自身所具有的特点使大学生受到触动和影响。例如，当大学生置身于非常先进的现代教育技术环境时，虽然这些先进的技术和设备本身不具有一定的价值观念，但会使大学生受到触动和教育，激发其学习的动力和探究科学知识的愿望。三是认为设定的一些带有德育目的性的环境，其价值属性显而易见。高校德育环境构成要素的多样性和复杂性以及工具属性和价值属性虽然各有不同，但其德育目标取向的出发点和归宿是一致的，德育内容是互相补充、互相作用的，在育德的方法和途径上也是殊途同归的，具有内在一致性，这是高校德育环境生态建构的基础和前提。

（二）高校德育环境生态建构的策略

高校德育环境的生态建构应该以"和谐"为主基调。一是和谐的德育环境生态建构，即创造环境的生态和谐；二是促使德育对象在德育生态环境中的和谐发展，即营造人与环境的生态和谐。这也正是高校德育追求德育环境现代化的目标所在。具体策略如下。

1. 高校在德育环境要素生态构建上要发挥主导作用

高校是大学生德育的主阵地，在德育环境的建设上要发挥主导作用。首先要发挥整合作用。

一是加强校内德育环境建设。从物质和精神角度讲，要加强物质环境和精神环境建设。物质环境也指硬件建设，如楼堂馆所、人文景观、名人雕像、图书资料等，是高校德育进行教育活动的物质基础。精神环境也指软件建设，如校风、班风、学风、教风等，是高校德育进行教育活动的精神引导。从高校各项工作的不同德育功能来划分，德育环境可分为教书育人环境、管理育人环境和服务育人环境，即指要形成育人合力，形成全员育人、全方位育人和全过程育人的氛围。从课堂内外德育活动的角度来划分，德育环境可分为课堂教学育人环境和课外活动育人环境。课堂教学育人环境应该坚持习近平总书记在2016年全国高校思想政治工作会议上的讲话精神："把思想政治工作贯穿教育教学全过程。"课外活动育人环境就是要积极开展丰富多彩、大学生喜闻乐见的校园文化活动。校园文化活动要坚持发展多元文化，突出时代特色，创建个性文化，突出学校特色的总体原则开展。以上的校园德育环境建设完全在学校的把握之内，要做到先整合，先建设，先行实现校园德育环境的生态构建，增强高校德育环境育人的广泛性和针对性。

二是要对社会、家庭和网络德育环境进行整合。社会、家庭和网络德育环境构成要素很多时候杂乱无序，高校要从德育活动和大学生发展需要角度进行甄别和协调，以期实现高校德育环境全部要素的生态构建。虽然这种整合不是高校单独能够完成的，尚需国家、社会甚至家庭的通力合作，但高校仍然要发挥主导作用。

其次要发挥引领作用。"教育不再仅仅为社会生活做准备，被动地接受社会的指令，而是积极地干预和参与社会生活及其发展。"高校作为科学研究的基地、重要思想的主要发源地，是社会文明的源头，应该责无旁贷地担当时代发展的先锋，并且要有预见未来、引领未来的勇气和信心。因此，从高校德育环境建设角度出发，要根据时代发展和社会需要，努力加强内部环境建设，并积极引领社会德育环境、家庭德育环境及网络德育环境建设。

2. 实现高校德育环境构成要素之间的生态和谐

实现高校德育环境构成要素之间的生态和谐是指学校环境、社会环境、家庭环境和媒体环境在发挥各自德育功能的同时，要利用工具属性和价值属性的内在一致性发挥协同作用，形成环境育人合力。因为学校环境、社会环境、家庭环境和媒体环境各具特点，其在高校德育活动中发挥作用的方式、方法及效果也不尽相同，必须有针对性地加以建构和引导。首先要树立环境开放意识，积极应对并大力优化高校德育的社会环境，发挥社会环境的"熔炉"作用；其次，要注重家庭教育，努力营造良好的家庭环境，发挥家庭德育环境的基础性作用；再次，要挖掘媒体环境的特殊优势，发挥媒体德育环境的即时作用；最后，要充分发挥学校德育环境的主阵地作用。在各德育环境要素生态建构上也要以学校德育环境为核心和出发点，达到学校和社会、学校和家庭、社会和家庭主动配合、有机联动，同时及时有效地加强媒体环境积极因素的利用以及消极因素的抵制，真正实现高校德育各环境要素间的生态和谐。

3. 实现人与环境的生态和谐

这里的"人"单指受教育者主体。受教育者主体与高校德育环境的生态和谐体包括两方面：一是受教育者主体自觉选择高校德育的环境。即受教育者主体自觉选择发展思想道德的环境，并能够对不良环境采取规避行为。通过对有利德育

第七章　实现高校德育现代化的路径选择

环境的选择，可促进受教育者主体道德素质的发展，使受教育者主体与其所选择的德育环境处于共生共进的良好氛围下，呈现出一种生态和谐状态。二是受教育者主体对德育环境的主动建设与改造。德育环境本不是自然有之，也是人为创造而成。这里的德育环境既包含有利德育环境，也包含不良德育环境。受教育者主体通过对不良德育环境的建设将其改造为有利德育环境，通过对有利德育环境的建设将其发展为更高层次的有利德育环境。同时，受教育者主体在对德育环境的实践改造中也促进自身道德素质的改造和发展，使自身道德素质的发展和德育环境的发展处于一种良性循环状态，最终实现人与环境的生态和谐。

参 考 文 献

[1] 孙晓峰.高校德育创新与和谐校园建设 [M].合肥：合肥工业大学出版社，2010.

[2] 赵纪宁.现代科技发展与高校德育模式的创新 [M].北京：北京邮电大学出版社，2011.

[3] 刘新跃.高校德育创新的理念与实践 [M].合肥：安徽大学出版社，2011.

[4] 冯世勇.高校德育工作的理论研究和实践探索 [M].太原：山西人民出版社，2014.

[5] 许瑞芳.社会变革中的中国高校德育转型 [M].上海：上海教育出版社，2014.

[6] 储德峰.反思与超越：学分制下我国高校德育问题的多维透视 [M].上海：上海社会科学院出版社，2014.

[7] 孙晓峰，储诚炜.中西方高校德育管理比较研究 [M].合肥：安徽科学技术出版社，2015.

[8] 陈中建.高校德育系统工程研究 [M].南京：南京师范大学出版社，2015.

[9] 卢少华.科学视阈下的高校德育工作创新和发展 [M].北京：知识产权出版社，2016.

[10] 王荣发，朱建婷.发展性德育：高校德育发展性教学模式的建构与实践 [M].上海：华东理工大学出版社，2016.

[11] 王一鸣.新形势下应用型高校德育和创新创业 [M].北京：光明日报出版社，2018.

[12] 陈娟.传统文化与高校德育教育工作融合研究 [M].西安：世界图书出版公司，2018.

[13] 白翠红.高校德育思维方式发展研究 [M].广州：中山大学出版社，2018.

[14] 刘丽波.新时期高校德育教育创新发展研究 [M].石家庄：河北人民出版社，2018.

[15] 李刁. "互联网+"时代高校德育实践创新研究[M]. 武汉：华中师范大学出版社，2019.

[16] 任少波. 高校德育体系新认知：共同体的实践[M]. 杭州：浙江大学出版社，2020.

[17] 张二丽. 新媒体下高校社会实践德育功能实现探析[J]. 中国报业，2020（22）：92-93.

[18] 赵峰. 高职德育创新模式探索与研究[J]. 轻工科技，2020，36（9）：214-215.

[19] 杨帆. 新时代高校德育工作的问题与对策[J]. 大众标准化，2020（22）：84-85.

[20] 马洪丽，程佳. 重申与转向：高校德育文化的生命理念[J]. 哈尔滨学院学报，2020，41（11）：132-134.

[21] 杜文婷. 新时期高校德育工作创新的途径方式探析[J]. 科教导刊（下旬），2020（12）：87-88.

[22] 刘阳. 新时代高校德育建设的创新研究[J]. 智库时代，2020（13）：206-207.

[23] 李明玉. 生涯发展视域下高校班主任德育创新途径探析[J]. 教育观察，2020，9（5）：61-63.

[24] 林水旺. 新时代高校德育实践路径创新研究[J]. 淮南职业技术学院学报，2020，20（4）：52-54.

[25] 冯月. 融媒体视域下高校德育路径创新研究[J]. 大众文艺，2020（13）：167-168.

[26] 张玲. 新时代儒家优秀文化在高校德育中传承与创新的有效路径研究[J]. 新西部，2020（18）：136-137.